TELEPEN

6 00 306235 4

KU-533-853

IRONÍA E HISTORIA
EN *TIEMPO DE SILENCIO*

PERSILES-162

Goya, *Escena de brujas* (1798)
Museo Lázaro Galdiano, Madrid

JO LABANYI

IRONÍA
E HISTORIA

EN
TIEMPO DE SILENCIO

taurus

Cubierta
de
Manuel Ruiz Angeles

306235
c

© 1983, Jo Labanyi
© 1985, TAURUS EDICIONES, S. A.
Príncipe de Vergara, 81, 1.º - 28006 Madrid
I.S.B.N.: 84-306-2162-8
Depósito legal: M. 33.003-1985
PRINTED IN SPAIN

Í N D I C E

NOTA PRELIMINAR

Quisiera agradecer a todos los que, en mis visitas a España, han contribuido a la preparación de este libro: a Juan Benet, Carlos Castilla del Pino, Enrique Múgica, José María Castellet y José-Carlos Mainer, que tuvieron la amabilidad de contestar a mis preguntas; a Pere Gimferrer y la Editorial Seix Barral, que me dieron la oportunidad de leer la versión integral de *Tiempo de silencio,* ahora publicada en la edición definitiva de 1980; a Mario Camus, que me facilitó un artículo de Martín-Santos; y a José María Guelbenzu, de Taurus Ediciones.

En Gran Bretaña, quisiera agradecer a la British Academy, que me proporcionó una beca para llevar a cabo mis investigaciones en España; a Birkbeck College, de la Universidad de Londres, que me permitió pasar seis meses en España; al Profesor A. I. Watson, del Birkbeck College, cuyo apoyo moral y práctico ha sido imprescindible; al Profesor D. L. Shaw, de la Universidad de Edimburgo, que se tomó la molestia de leer el primer capítulo de este libro; y a Penelope Davidson, de la Universidad de Cambridge, con quien he sostenido largas charlas acerca de Martín-Santos. Sobre todo, debo agradecer la paciencia e interés de mis estudiantes, que han servido de «ratones de laboratorio» para poner a prueba mis ideas: especialmente agradezco a Valerie Luniewska sus comentarios críticos sobre el manuscrito de este libro, y a Carmen Batten sus esfuerzos monumentales por corregir las imperfecciones de mi español.

También quisiera señalar a dos críticos cuya contribución al estudio de *Tiempo de silencio* me parece excepcional: John Lyon, en su artículo «Don Pedro's Complicity: An Existential Dimension of *Tiempo de silencio*»; y Claude Talahite, en su tesis doctoral *«Tiempo de silencio» de Martín-Santos: Étude des structures sémiotiques*[1].

No me ha parecido necesario incluir una bibliografía de los trabajos mencionados en este libro, ya que, en cada caso, la referencia aparece en una nota. Para una bibliografía de la obra psiquiátrica de Martín-Santos, véase la de Castilla del Pino, en su edición del libro de Martín-Santos, *Libertad, temporalidad y transferencia en el psicoanálisis existencial*[2]. La bibliografía de los trabajos críticos sobre la obra literaria de Martín-Santos aparece en el libro de Alfonso Rey, *Construcción y sentido de «Tiempo de silencio»*[3]. Debo agregar que he consultado textos en español, inglés y francés en versión original, pero que los textos en alemán proceden de traducciones inglesas.

---

[1] J. Lyon, «Don Pedro's Complicity: An Existential Dimension of *Tiempo de silencio*», *Modern Language Review*, LXXIV (enero 1979), pp. 69-78; C. Talahite, *«Tiempo de silencio» de Martín-Santos: Étude des structures sémiotiques*, Université de la Sorbonne, París, 1978. Una versión abreviada de la tesis de Talahite se ha publicado en *Co-Textes*, I (noviembre 1980): es una lástima que no se haya publicado el texto integral.

[2] L. Martín-Santos, *Libertad, temporalidad y transferencia en el psicoanálisis existencial*, Barcelona, 1964.

[3] A. Rey, *Construcción y sentido de «Tiempo de silencio»*, Madrid, 1977. La segunda edición de 1980 contiene una bibliografía ampliada.

INTRODUCCIÓN

REALISMO DIALÉCTICO

Una crítica literaria de la única novela completa de Martín-Santos, *Tiempo de silencio*, que desde su publicación en 1961* ha ido ganando el respeto de un público cada vez más amplio, no necesita justificarse[1]. Pocos lectores habrá que no estén dispuestos a concederle el puesto de obra clave y cumbre de la narrativa española de la posguerra. Lo que sí hace falta es justificar la perspectiva adoptada en este libro, y aclarar su relación con trabajos críticos anteriores. Hasta ahora, los críticos se han concentrado en cuatro aspectos de la novela: la crítica social, el trasfondo existencialista, la ruptura con el realismo, y el uso del mito. Este libro intenta corregir las limitaciones y errores de los trabajos críticos en estos campos, y además sugerir una interpretación psicoanalítica. La trágica muerte de Martín-Santos en 1964, en un accidente de automóvil, privó a España, no sólo de uno de sus novelistas más prometedores, sino también de uno de sus psiquiatras más brillantes. Las claves interpretativas de *Tiempo de silencio* hay que buscarlas en los puntos de coincidencia entre las preocupaciones literarias y psiquiátricas de su autor.

Los trabajos críticos más limitados sobre la novela son aquellos dedicados a su temática social, por limitarse a describir los hechos, sin indagar su sentido. El método descriptivo

---

* La mayoría de los críticos sitúa la publicación de *Tiempo de silencio* en 1962; estrictamente, la fecha de la primera edición es 1961.
[1] La edición de la novela que he consultado es la 8.ª, Barcelona, 1971.

es especialmente deficiente en el caso de una novela irónica, como lo es *Tiempo de silencio,* en que el sentido de los hechos se opone a la descripción de los mismos. El primer capítulo de este libro intenta analizar la temática política implícita de la novela, al verla, no como descripción de la sociedad franquista, sino como parodia de la ideología del régimen, de abolengo noventayochista y orteguiano.

Los trabajos críticos dedicados al aspecto existencialista de la novela acusan una mayor calidad analítica, pero, en general, parten de premisas falsas. El primer error lo ocasiona la ignorancia de las discrepancias teóricas entre la psiquiatría existencial, escuela a la que pertenece Martín-Santos, y la filosofía existencialista. El segundo error consiste en olvidar que el Sartre que influencia a Martín-Santos, al escribir su novela en 1961, ya no es el Sartre existencialista de los años 30 y 40. En el segundo capítulo, intento mostrar la relación, a veces crítica, que une a *Tiempo de silencio* con la obra sartriana en su totalidad.

Los pocos críticos que han relacionado *Tiempo de silencio* con la obra psiquiátrica de Martín-Santos también parten de premisas falsas: primero, al suponer que la novela ejemplifica la descripción del tratamiento psicoanalítico llevada a cabo por Martín-Santos en su obra psiquiátrica primordial, *Libertad, temporalidad y transferencia;* y segundo, al no fijarse en que este libro constituye un intento de reconciliar la psiquiatría existencial con el psicoanálisis. *Tiempo de silencio* también constituye un intento de reconciliar a Sartre con Freud. El tercer capítulo de este libro intenta demostrar que el aporte freudiano es decisivo, al esbozar una interpretación psicoanalítica de la novela.

Casi todos los críticos han elogiado *Tiempo de silencio* por efectuar una ruptura con el realismo imperante en la novelística española de los años 50; pero nadie ha sabido explicar hasta qué punto, ni en qué sentido, Martín-Santos rompe con el realismo. El cuarto capítulo está dedicado a elucidar los planteamientos teóricos que informan el uso del lenguaje en la novela. Aquí también, veremos que Martín-Santos debe su entendimiento de la relación problemática entre el lenguaje y la realidad sobre todo a su experiencia del psicoanálisis freudiano.

Martín-Santos habló, y escribió, poco acerca de sus ideas sobre la literatura. Lo único que sabemos es que tenía el proyecto de crear un «realismo dialéctico». Este libro trata de indagar el sentido que esta frase puede haber tenido para Martín-Santos. Aquilino Duque nos dice que Martín-Santos distinguía en la narrativa española de su época dos formas: por un lado, la picaresca o lo que él llamaba «realismo pueblerino» (la descripción de personajes contradictorios, no definidos por el contexto histórico); por otro lado, el realismo social o lo que él llamaba «realismo suburbano» (la descripción de personajes determinados por un contexto histórico contradictorio, de modo que aquéllos dejan de ser individuos)[2]. Desgraciadamente, lo publicado por Duque es una paráfrasis, y no una transcripción, de las palabras de Martín-Santos; pero se deduce que su ideal era una combinación de las dos formas, que relacionara al hombre con su medio, sin quitarle su individualidad, al mostrar la existencia de contradicciones tanto en el contexto histórico como en el hombre. Según esto, el realismo dialéctico consistiría, para Martín-Santos, en la descripción de la relación contradictoria entre dos sistemas contradictorios. También hay que destacar que Martín-Santos habla, no del contexto social, sino del contexto histórico. El único testimonio escrito que Martín-Santos nos ha dejado sobre su concepto del realismo dialéctico, insiste en la necesidad de captar la naturaleza dinámica de la realidad:

Temo no haberme ajustado del todo a los preceptos del realismo social, pero verás en qué sentido quisiera llegar a un realismo dialéctico. Creo que hay que pasar de la simple descripción estática de las enajenaciones, para plantear la real dinámica de las contradicciones *in actu*[3].

En *Libertad, temporalidad y transferencia*, Martín-Santos opone esta visión dinámica de la historia a la visión idealista:

Quien pretende ajustar la interpretación de un ente histórico a una pauta idealista, supone que el devenir de un pueblo o de un estilo artístico o de cualquier otro fenómeno histórico tiende a la realización de un *eón* o forma apriorística. [...] El historiador con mentalidad dialéctica, por el contra-

---

[2] A. DUQUE, «"Realismo pueblerino" y "realismo suburbano". Un buen entendedor de la realidad: Luis Martín-Santos», *Índice*, núm. 185 (junio 1964), pp. 9-10.
[3] Publicado por Ricardo DOMÉNECH, en su artículo «Luis Martín-Santos», *Ínsula*, núm. 108 (marzo 1964), p. 4. La cita se refiere al cuento «Tauromaquia» de MARTÍN-SANTOS, publicado póstumamente en *Apólogos*, Barcelona, 1970.

rio, sabe que la realidad humana nunca se ajusta unitariamente a la realización de un determinado *eón*, sino que contradicciones insalvables lógicamente yacen siempre en su seno. Los nuevos estadios se alcanzan únicamente a partir de las contradicciones dinámicas que se yuxtaponen en una nueva totalidad, no necesariamente positiva desde el punto de vista ideal. La historia no es, pues, idealmente lineal, sino conflictualmente real[4].

Martín-Santos recurre a la visión dialéctica, según la cual el cambio nace del juego de las contradicciones, para desmentir la creencia de que la realidad se explica en términos de una causa fija anterior. Veremos que, en *Tiempo de silencio*, Martín-Santos opone la visión dialéctica, tanto al idealismo orteguiano y al esencialismo noventayochista, como al determinismo socioeconómico marxista y al determinismo biológico freudiano. Al rechazar la explicación causal, Martín-Santos también refuta la creencia realista de que el texto literario refleja una realidad anterior. En la conclusión de este libro, veremos cómo el rechazo de la explicación causal se relaciona con la denuncia de la visión mítica, según la cual la historia es la repetición de un momento original. Los críticos que han estudiado las referencias míticas en la novela suponen que, al romper con el realismo, Martín-Santos escribe una novela mítica. Espero demostrar que, al contrario, Martín-Santos rompe con el realismo al ironizar el mito. Idealismo, esencialismo, determinismo, realismo, mito: todos convierten al hombre en esclavo de sus orígenes. En *Tiempo de silencio*, Martín Santos sugiere que el hombre prefiere explicarse a sí mismo en términos de una causa original, por miedo a enfrentarse con su libertad.

---

[4] *Libertad, temporalidad y transferencia*, p. 230.

CAPÍTULO I

CONTEXTO HISTÓRICO

La acción de *Tiempo de silencio* se desarrolla en el otoño de 1949, según se deduce por la referencia a los «años del hambre» y, más concretamente, por la descripción de la conferencia de Ortega y Gasset, que tuvo lugar en aquellas fechas[1]. Al situar la acción en el año 1949, Martín-Santos indica el deseo de volver a lo que fue, por un lado, el período más sombrío de la posguerra, y, por otro, la época de su aprendizaje intelectual, ya que en aquel año terminó su especialización en psiquiatría en la Universidad de Madrid. Hay que averiguar, no sólo cuáles fueron las principales tendencias ideológicas de la España de 1949, sino cuál fue la relación de Martín-Santos con ellas.

La ideología franquista imperante era menos monolítica de lo que a veces se piensa. Por una parte, había una retórica oficial tomada del falangismo, pero en muchos respectos divorciada de la realidad política del régimen. Por otra, había una tímida línea crítica, que provenía de los sectores más radicales –los que no habían sido purgados– de la Falange. Es importante que la fuente principal de oposición interna al régimen en los años 40 haya sido la falangista, porque esto dio un falso cariz progresista a ideas que, en el fondo, coincidían con la ideología oficial. Esta línea falangista crítica se nutría del anticapitalismo joseantoniano, que, a su vez, tenía sus raíces en Ortega

---

[1] La conferencia fue publicada posteriormente en *El hombre y la gente*, cap. III.

y la generación del 98. Los falangistas radicales, sintiéndose traicionados por Franco al defender éste el gran capital, volvieron a la obra original orteguiana y noventayochista, para reivindicar lo que, para ellos, constituía una tradición radical perdida. Sólo así se explica la fama de radicales que tuvieron en aquella época escritores tales como Baroja, Unamuno y Ortega, cuyos libros fueron en algunos casos prohibidos por la censura, a pesar de haber contribuido a la formación de la ideología oficial del régimen.

Varios críticos han subrayado la relación de *Tiempo de silencio* con el 98 y Ortega[2]. Pero nadie ha señalado que su presencia en la novela se debe a que hayan formado la base de la polémica sobre el llamado «problema de España», que dominó la vida intelectual en las dos primeras décadas del franquismo[3]. La formación intelectual de Martín-Santos fue típica de la de la élite de izquierdas que aparecería en los años 50 y 60, no sólo por ser hijo de familia nacionalista, sino también por haberse iniciado en una línea de oposición a través de las obras del 98 y Ortega, descubiertas en los años 40[4]. Fue sólo en los años 50, con el prestigio clandestino de un Sartre que, en aquella época, pasaba por su etapa de máximo apoyo al marxismo, que se empezó a reconocer que la herencia intelectual del 98 y Ortega poco tenía de progresista. Martín-Santos ha señalado cómo su entusiasmo juvenil por Ortega cedió paso a un entusiamo por Sartre que perduraría hasta su muerte[5].

Martín-Santos fue testigo presencial de la polémica sobre el

[2] D. L. Shaw, *The Generation of 1898 in Spain*, Londres y Nueva York, 1975, p. 204; J.-C. Mainer, Prólogo a L. Martín-Santos, *Tiempo de destrucción*, Barcelona, 1975, pp. 17-50; F. Morán, *Novela y semidesarrollo*, Madrid, 1971, p. 386; G. Roberts, *Temas existenciales en la novela española de la postguerra*, Madrid, 1973, pp. 130, 175; J. W. Díaz, «Un par de charlas sobre *Tiempo de silencio*», *Hispanófila*, LXII (enero 1978), p. 118; J. Ortega, «La sociedad española contemporánea en *Tiempo de silencio* de Martín-Santos», *Symposium*, XXII (1968), pp. 256-60; J. Domingo, *La novela española del siglo xx*, Barcelona, 1974, tomo II, p. 110.

[3] Para una lista de libros sobre el «problema de España» publicados entre 1948 y 1958, véase H. Ramsden, *The 1898 Movement in Spain*, Manchester, 1974, pp. 133-41.

[4] Véanse J. Marsal, *Pensar bajo el franquismo*, Barcelona, 1979; y J. M.ª Castellet, *Literatura, ideología y política*, Barcelona, 1976, pp. 135-41.

[5] Véanse las contestaciones de Martín-Santos a las preguntas de Janet Díaz, publicadas en su artículo «Luis Martín-Santos and the Contemporary Spanish Novel», *Hispania*, LXI (1968), p. 237.

problema de España durante sus años universitarios en Madrid, donde dos de los protagonistas de aquélla –liberal el uno y reaccionario el otro– fueron sus profesores. El primero –a quien Martín-Santos dedicó su tesis doctoral al ser publicada– fue Pedro Laín Entralgo, falangista católico y humanista, catedrático de historia de la medicina y posteriormente rector de la Universidad de Madrid, autor de los libros *La generación del 98* (1945) y *España como problema* (1949)[6]. El segundo –que prologó la tesis de Martín-Santos– fue Juan José López Ibor, consejero nacional de Falange Española, catedrático de psiquiatría, autor del libro *El español y su complejo de inferioridad* (1951). Martín-Santos también trabó amistad con Rafael Calvo Serer, miembro del Opus Dei, autor del libro *España, sin problema* (1949), escrito como réplica al *España como problema* de Laín Entralgo. Laín sostenía que España necesitaba una renovación intelectual; Calvo Serer contestó que España no tenía ningún problema que no hubiera resuelto la Guerra Civil. A pesar de su amistad con Calvo Serer, Martín-Santos defendió la tesis de Laín Entralgo[7]. *Tiempo de silencio* demuestra que el problema de la España franquista consiste precisamente en su tendencia a negar la existencia de problemas, haciendo parecer «que no está tan mal todo lo que verdaderamente está muy mal» (p. 17). Martín-Santos también critica a Laín Entralgo, por aceptar la herencia noventayochista y orteguiana. En la novela, Laín está representado en el Director del Instituto donde trabaja Pedro, que evidentemente es el Patronato Ramón y Cajal, del Consejo Superior de Investigaciones Científicas, donde Martín-Santos estudió bajo la dirección de Laín. En este capítulo, intento demostrar que *Tiempo de silencio* toma la polémica sobre el problema de España como punto de partida.

La mayoría de los críticos que han detectado la presencia de los noventayochistas en la novela han criticado a Martín-Santos por compartir sus ideas. Alfonso Rey cree que Martín-Santos toma su visión existencial de Ortega, y por lo tanto se extraña de la parodia de Ortega que aparece en la novela[8]. El único que ha sabido apreciar hasta qué punto es paródica

---

[6] Véase L. MARTÍN-SANTOS, *Dilthey, Jaspers y la comprensión del enfermo mental*, Madrid, 1955.

[7] Esta información se la debo a Juan Benet.

[8] A. REY, *Construcción y sentido*, p. 236.

la relación de Martín-Santos con el 98, y con Ortega, es José Luis Aranguren, en un análisis agudo pero desgraciadamente muy breve[9]. Juan Benet declara que ya en 1949, al asistir a la conferencia de Ortega, la actitud de Martín-Santos hacia éste era hostil[10]. Martín-Santos expresó su hostilidad hacia la generación del 98 en un discurso que pronunció en San Sebastián en 1961, el año en que fue publicado *Tiempo de silencio*. En este discurso, Martín-Santos respeta la preocupación de los noventayochistas con problemas serios y reales, pero critica severamente su pesimismo:

Tanto Unamuno como Baroja rechazan duramente la realidad española, y ambos coinciden, también, en el hecho de su gran confusión mental en cuanto a posibles remedios para mejorarla. [...] En ningún momento llegan a sentir la posibilidad de que haya un remedio para esa realidad desoladora. Ambos están unidos en su falta de compromiso político[11].

Los escritores del 98 pudieron formar la base de una línea de oposición al franquismo, y al mismo tiempo ser la fuente de la ideología oficial del régimen, no sólo a causa de las vicisitudes políticas de los años 40, sino también a causa de la confusión que Martín-Santos, con razón, observa en sus ideas. Baroja, Azorín y Maeztu habían empezado por ser anarquistas, y Unamuno, marxista. Sin embargo, el ideólogo fascista de los años 30, Giménez Caballero, pudo declararse «nieto del 98», como lo hizo Laín Entralgo en los años 40. Todavía hace falta un estudio crítico que sepa aclarar las contradicciones del 98, con su mezcla de esencialismo y existencialismo, idealismo y positivismo, estoicismo y egoísmo, nostalgia por lo primitivo y repugnancia por el retraso, odio hacia las masas y amor por el pueblo. Su legado más nocivo, y más confuso, ha sido su esencialismo: la explicación de los problemas del país en términos de un carácter nacional «esencial», que, según ellos, es producto de los tres factores determinantes del positivismo decimonónico (raza, medio ambiente, momento histórico), pero que de hecho es una proyección compensatoria de las frustraciones generacionales de los propios escritores. En la práctica,

[9] J. L. ARANGUREN, *Estudios literarios*, Madrid, 1976, p. 262.

[10] Entrevista con Juan Benet, que también asistió a la conferencia de Ortega.

[11] L. MARTÍN-SANTOS, «Baroja-Unamuno», en *Sobre la generación del 98. Homenaje a don Pepe Villar*, San Sebastián, 1963, pp. 109-10.

los noventayochistas suponen que el carácter nacional es producto sólo de la raza y del medio ambiente; y por éste entienden, no el contexto social, que constituye un elemento dinámico, sino el contexto geográfico, que –al igual que la raza– constituye un elemento fijo. En realidad, se trata menos del determinismo geográfico, que de una visión romántica del carácter nacional como emanación telúrica *(Volksgeist)*. La historia, que también constituye un elemento dinámico, se considera como resultado del carácter nacional, y no como su causa. Los escritores del 98 descartan toda explicación de la realidad nacional en términos dinámicos, y se limitan a la búsqueda de causas fijas, para poder justificar su pesimismo acerca de las posibilidades del cambio. Su visión antihistórica les lleva a crear el concepto de una esencia racial, que precede a la historia, y que persiste en contra de ella.

Con esto, los noventayochistas intentan disociar el carácter nacional del fracaso histórico. Ni siquiera se puede decir realmente que consideran el carácter nacional como causa de la historia del país: más bien, intentan demostrar que es la causa de lo bueno, y no de lo malo. Lo cual lleva al concepto peligroso de la «anti-España», que sería la causa de lo malo. La historia nacional se divide en un «antes» y un «después»: los últimos cuatrocientos años, desde los Reyes Católicos, quedan definidos como un período de decadencia, que sucede a una época gloriosa en que el carácter nacional se manifestó plenamente. Esta época gloriosa no se sitúa, como hubiera sido lógico, en el Siglo de Oro, sino en la Edad Media, ya que se rechaza el imperio, por haber dado lugar a la decadencia actual. Los escritores del 98 llegan a la conclusión irracional de que fue un error tener un imperio, porque, si no lo hubiera tenido, el país no sufriría su humillación actual. La historia entera de España a partir de 1492 es desechada como una traición al carácter nacional, una desviación del «auténtico destino» del país. O sea: el carácter nacional determina lo que no pasó en la historia, pero hubiera debido pasar. Al optar por el esencialismo, los noventayochistas desdicen sus premisas deterministas.

Esta contradicción se ve en el concepto del «espíritu territorial» expuesto por Ganivet en su *Idearium español*. Ganivet intenta demostrar que la historia del país no fue determinada por su espíritu territorial, pero que hubiera debido serlo[12]. La

---

[12] A. GANIVET, *Idearium español*, Madrid, 1970, pp. 31-7.

misma disociación irracional entre carácter nacional e historia nacional se manifiesta en el famoso concepto de la «intrahistoria», desarrollado por Unamuno en su ensayo *En torno al casticismo*. Unamuno divide la historia, no en un «antes» y un «después», sino en un «arriba» y un «abajo»: lo superficial (el cambio histórico, que no afecta el carácter nacional), y lo profundo (la «tradición eterna», que perdura al margen del cambio histórico). Más que una visión bidimensional de la historia, esto constituye una disociación entre el mundo dinámico de la historia y el mundo fijo del mito. Cuando Unamuno sugiere que hay que sumergirse en el fondo de la intrahistoria, propugna el abandono de la historia y el retorno a las raíces míticas que constituyen la esencia nacional[13].

Esta creencia de que los fracasos de la historia han sido un error, que debe corregirse mediante el retorno a una esencia perdida, ha sido peligrosamente seductora. José Antonio Primo de Rivera, fundador de Falange Española, definió el fascismo como «el retorno a la propia esencia». La idea recurre no sólo en los pensadores de derechas, sino también, de manera inquietante, en los historiadores republicanos del exilio, Américo Castro y Claudio Sánchez Albornoz. La insistencia de Castro en que el carácter nacional está constituido por la pluralidad racial medieval de católico, judío y musulmán, es indudablemente más aceptable que el antisemitismo de Sánchez Albornoz, quien afirma que el carácter nacional fue formado por la mezcla racial anterior de celtíbero, romano y visigodo, que, según él, fue corrompida por los árabes. Pero los dos coinciden con el fascismo español, al suponer que, para que España recobre su auténtico destino, hay que volver a la Edad Media, si no a la prehistoria. La deuda de Castro y de Sánchez Albornoz para con la generación del 98 es explícita[14]. Es de lamentar que tantos pensadores españoles, de derechas y de izquierdas, hayan recurrido a la creencia mítica en una esencia nacional.

En 1960 –poco antes de la publicación de *Tiempo de silencio*– Vicens Vives denunció la historiografía mítica de Américo Castro y Sánchez Albornoz, y propugnó una metodología basada en la estadística. Según Vicens Vives, un análisis socioeco-

---

[13] M. de Unamuno, *En torno al casticismo*, 7.ª ed., Madrid, 1968, pp. 26-30.
[14] A. Castro, *La realidad histórica de España*, 4.ª ed., Méjico, 1971; y C. Sánchez Albornoz, *España, un enigma histórico*, Buenos Aires, 1956.

nómico revelaría que la historia de España no es muy diferente de la de los países vecinos: «por lo que es muy dudoso que España sea un enigma histórico, como opina Sánchez Albornoz, o un vivir desviviéndose, como afirma su antagonista [Castro]. Demasiada angustia unamuniana para una comunidad mediterránea con problemas muy concretos»[15]. El fatalismo implícito en el concepto de un carácter nacional esencial ha sido estudiado por Richard Herr, quien observa que la idea de que la historia sea la corrupción de una esencia primaria tiene un parecido sospechoso con la doctrina bíblica del «pecado original»: «Es como si la España moderna sufriera de un tipo de pecado original del cual no tuviera escape»[16]. El esencialismo noventayochista constituye una manifestación de la creencia mítica, analizada por Mircea Eliade, de que la historia es la consecuencia de la expulsión del paraíso[17]. Según esto, la historia es el mal, y su fin, la recuperación del estado de perfección perdido. El pensamiento mítico conlleva una visión cíclica de la historia: en parte, por estar condenada ésta a repetir los mismos errores, pero, sobre todo, por ser un intento de borrar aquellos errores, mediante el retorno a los orígenes. O sea: la historia se define como el intento de deshacer la historia.

En un famoso párrafo de sus *Meditaciones del Quijote*, Ortega propugna el retorno a los orígenes, para deshacer los errores de la historia:

La realidad tradicional en España ha consistido precisamente en el aniquilamiento progresivo de la posibilidad España. [...] No, no podemos seguir la tradición; todo lo contrario: tenemos que ir contra la tradición, más allá de la tradición. De entre los escombros tradicionales, nos urge salvar la primaria sustancia de la raza, el módulo hispánico, aquel simple temblor español ante el caos. Lo que suele llamarse España no es eso, sino justamente el fracaso de eso. En un grande, doloroso incendio habríamos de quemar la inerte apariencia tradicional, la España que ha sido, y luego, entre las cenizas bien cribadas, hallaremos como una gema iridiscente la España que pudo ser[18].

---

[15] J. Vicens Vives, *Aproximación a la historia de España*, 2.ª ed., Barcelona, 1960, pp. 24-5; véase también J. Caro Baroja, *El mito del carácter nacional*, Madrid, 1970, pp. 71-135.

[16] R. Herr, «La inestabilidad política de la España moderna», *Revista de Occidente*, XXXVI (febrero 1972), pp. 287-312.

[17] M. Eliade, *Le Mythe de l'éternel retour*, París, 1969.

[18] J. Ortega y Gasset, *Meditaciones del Quijote*, 5.ª ed., Madrid, 1958, p. 79.

Américo Castro sugiere que la historia española ya constituye un «vivir desviviéndose»:

> Muchos desearían que esa historia hubiese sido de modo distinto de como fue, porque la vida de España hace siglos que viene consistiendo en un anhelo de «desvivirse», de escapar a sí misma, como si la vida pudiese desandar su camino [...] Los españoles [...] son tal vez el único pueblo de Occidente que considera como nulos o mal venidos acontecimientos y siglos enteros de su historia, y que casi nunca ha experimentado la satisfacción gozosa de vivir en plena armonía con sus connacionales. Se vive entonces como si la vida, en lugar de caminar adelante, sintiera la necesidad de desandar, de comenzar nuevamente su curso[19].

Para Castro, el deseo de anular los defectos de la historia es trágico, ya que lleva a los españoles a autodestruirse; pero también es heroico, al representar una voluntad de perfección.

El «vivir desviviéndose» de Castro se parodia en *Tiempo de silencio* con la frase «ha desempezado a no existir» (p. 87), que se aplica al intento fallido de Matías de aliviar sus frustraciones en el burdel. La novela describe una sociedad que, en vez de hacer la historia, la «deshace», al refugiarse en el pasado. España se ha convertido en un país «donde la idea de lo que es futuro se ha perdido hace tres siglos y medio» (p. 236). La vida de la pensión se orienta hacia la recuperación de «la gloria familiar pasada» (p. 37). Es significativo que la abuela de Dorita sea viuda de un «héroe» del desastre de 1898 en Filipinas, ya que esto relaciona su mitificación del pasado con la herencia noventayochista. *Tiempo de silencio* demuestra que el refugio en el pasado mítico no indica una actitud heroica, sino el miedo a enfrentarse con el fracaso. De ahí la desmitificación que lleva a cabo Martín-Santos de la falsa gloria imperial (páginas 14, 99-100, 239-40). La novela se cierra con la imagen del Escorial: símbolo de la gloria pasada que, además, es monumento funerario.

La asociación de la historia con el mal, y la propagación del mito de los orígenes, han caracterizado el fascismo en todos los países en que éste se ha manifestado. El existencialismo también sugiere que la historia es inauténtica: de ahí que se haya calificado de existencialista a Unamuno, Ortega y Américo Castro. Sin embargo, hay una diferencia capital. El existencialismo supone que el hombre está condenado a la historia,

---

[19] A. Castro, *La realidad histórica de España*, p. 80.

ya que no tiene una esencia a la que retornar. En cambio, Ortega, en la cita anterior, habla del retorno a la «primaria sustancia de la raza». Al recomendar el rechazo de la historia y la fidelidad a una esencia auténtica, los noventayochistas y sus sucesores propugnan el *amor fati* estoico. Esto lo expresa claramente Unamuno, al recomendar la «libertad por sumisión». Del mismo modo, Ortega define al hombre como «el ser condenado a traducir la necesidad en libertad»[20]. Con esto, Unamuno y Ortega condenan al hombre, no a la libertad, como lo hará Sartre, sino al destino. Alfonso Rey sugiere que Martín-Santos deriva su concepto del proyecto existencial tanto de Ortega como de Sartre[21]. Esto es inexacto. El existencialismo de los noventayochistas se ha exagerado. José Luis Aranguren señala que tampoco Ortega puede ser calificado de existencialista, ya que cree en la posibilidad de ser fiel a una esencia auténtica. La visión histórica de Ortega no es existencialista, sino idealista. Para él, la historia es inauténtica, por ser manifestación imperfecta de un arquetipo original. De ahí que el aparente historicismo orteguiano se confunda con el esencialismo noventayochista. Para Ortega, las palabras «proyecto» y «destino» se intercambian, ya que el proyecto orteguiano (según la paráfrasis de Aranguren) consiste en la realización de «lo que, en nuestro proyecto más hondo, somos ya». Ortega afirma que el hombre tiene la libertad de elegir entre las múltiples posibilidades existenciales que se le ofrezcan, pero que sólo la que coincida con su esencia será auténtica. Aranguren hace notar que, al consistir en la revelación de un destino innato, el proyecto orteguiano coincide con la vocación religiosa propugnada por Unamuno[22]. Efectivamente, Ortega utiliza también las palabras «misión» y «vocación». Es significativo que el aporte mayor de Ortega al fascismo español –como lo señala Jose-Carlos Mainer– haya sido su definición del destino nacional como «un proyecto sugestivo de vida en común»[23]. En su

---

[20] P. Garagorri, *Introducción a Ortega*, Madrid, 1970, p. 118.

[21] A. Rey, *Construcción y sentido*, pp. 238-49.

[22] J. L. Aranguren, *La ética de Ortega*, Madrid, 1959, pp. 19, 77, 62-3. Carlos Castilla del Pino también censura a Ortega por su concepto de vocación innata: véase su *Dialéctica de la persona, dialéctica de la situación*, Barcelona, 1978, 138-9.

[23] Véanse J.-C. Mainer, *Falange y literatura*, Barcelona, 1971, pp. 16-20; y también J. A. Gómez, «Los fascistas y el 98», *Tiempo de Historia*, I (diciembre 1974), pp. 26, 39.

funesto tratado propagandístico, *Idea de la hispanidad*, García Morente recurre al proyecto orteguiano para justificar a Franco, por ser éste instrumento de la providencia divina[24].

En *Tiempo de silencio,* Martín-Santos parodia el concepto orteguiano de la vocación, con el comentario «Le falta vocación» (p. 90), que Pedro aplica a una prostituta desganada; y con la declaración pomposa del Director del Instituto: «Nuestra profesión es un sacerdocio», que alude a la influencia orteguiana sobre Laín Entralgo (p. 210). La creencia de Ortega en su propia misión divina se satiriza, al estar representado éste en el macho cabrío infernal de Goya. La definición orteguiana del destino nacional se parodia con la referencia sarcástica a «la gran empresa» que constituye la vida madrileña (p. 58), y con el «proyecto común» falsamente heroico que une a Pedro y Amador en su viaje a las chabolas (p. 25). Pedro recurre constantemente al concepto del destino para consolarse de haber perdido la libertad. Su retorno final a sus orígenes no indica la revelación de un destino auténtico, sino su aceptación del destino impuesto. Al aceptar su «destino», Pedro intenta emular la vocación religiosa de San Lorenzo del Escorial, cuyas últimas palabras –«dame la vuelta que por este lado ya estoy tostado» (p. 240)– Martín-Santos ridiculiza. Pedro no es un mártir, sino un fracasado que intenta persuadirse de que no lo es, al fingir que desea su fracaso. Al parodiar el concepto orteguiano del proyecto vocacional, Martín-Santos critica el *amor fati* estoico que tanto sería exaltado por el franquismo.

La sección final de la novela hace pensar en la novela de Baroja, *El árbol de la ciencia,* cuyo protagonista Andrés Hurtado –al igual que Pedro– cursa estudios de medicina en la Universidad de Madrid. El porvenir de médico rural que espera a Pedro, con la posibilidad de que el pueblo le cierre las puertas, recuerda la experiencia médica de Andrés en Alcolea del Campo. Andrés –al igual que Pedro– termina por recurrir al aislamiento estoico, para defenderse del fracaso. Para Baroja, Andrés es un héroe trágico (un «precursor»), cuyo refugio en la inacción, y finalmente el suicidio, indica su fidelidad a su proyecto racional[25]. La impotencia de Andrés es el costo de la razón. En cambio, la impotencia de Pedro es el precio que

---

[24] M. García Morente, *Idea de la hispanidad,* Madrid, 1961, pp. 36-9. Este libro comprende unas conferencias dadas en 1938.

[25] P. Baroja, *El árbol de la ciencia,* Madrid, 1967, p. 248.

paga por abandonar su proyecto racional. Pedro, lejos de ser un héroe trágico, es un cobarde que opta por el suicidio moral. Pedro no es un precursor, sino que destruye el futuro.

En la sección final de la novela, Martín-Santos también critica la resignación melancólica al destino que caracteriza el pensamiento de Laín Entralgo. La referencia al Escorial alude indirectamente a Laín, ya que éste fue fundador de la revista falangista *Escorial*. La última sección de la novela, en su totalidad, parece estar modelada sobre el epílogo del libro de Laín, *La generación del 98*. En aquel epílogo, Laín –al igual que Pedro– sale de Madrid en tren desde la antigua estación del Príncipe Pío (ahora Estación del Norte), con destino a Castilla la Vieja. Durante su viaje, Laín medita sobre el paisaje de la meseta, cuya austeridad le consuela de su sentimiento de fracaso:

De golpe, a través de la tristeza del crepúsculo y de la prima noche –cansancio, ausencia de lo que el día hizo presente, anhelo de lo que en cada jornada pudo haber sido y no ha llegado a ser– se abre paso una clara vena de esperanza. Sobre la tierra madre de Castilla [...], la misma Castilla que vieron y cantaron los tristes soñadores del 98, viven, vivimos en española comunidad –discorde, a veces– hombres que necesitamos un mañana [...] En medio de la noche, envuelta por ella, álzase, insomne e inerme, esta recién nacida y terca esperanza mía[26].

En *Tiempo de silencio*, Pedro también experimenta un breve momento de esperanza: «Allí la sierra azul acercándose, acercándose, esperando la perforación del tren, la sierra como si guardase un secreto. Allí está, es mejor que nada. Hay una esperanza» (p. 239). En el caso de Pedro, la esperanza es una ilusión compensatoria, posibilitada por la oscuridad del túnel que le permite fantasear. Martín-Santos critica a Laín Entralgo por refugiarse en la ilusión que él mismo, en su libro, demuestra caracterizar al 98. Thomas Mermall, en su interesante análisis del pensamiento de Laín, le censura por el mismo motivo: «El pensamiento de Laín acusa una auténtica esperanza que, a pesar de tener una validez personal, es inapropiada para la época. Laín –último nieto espiritual del 98– vive a través de la memoria y la esperanza, en el pasado y en el futuro»[27].

---

26 P. Laín Entralgo, *La generación del 98*, 7.ª ed., Madrid, 1970, p. 118.

27 T. Mermall, *The Rhetoric of Humanism: Spanish Culture after Ortega y Gasset*, Nueva York, 1970, p. 52. La traducción es mía. [Hay edición castellana, Madrid, 1978].

Al recurrir al estoicismo, los noventayochistas y sus sucesores justifican, no sólo su propio fracaso intelectual, sino también el fracaso económico del país. La sección final de la novela establece un vínculo entre los dos símbolos predilectos del 98 –el austero paisaje de la meseta castellana y la casta arquitectura del Escorial– para señalar cómo la actitud estoica convierte el defecto del atraso económico en la virtud del ascetismo. La inercia que los noventayochistas censuran por ser causa del atraso económico, también la exaltan por ser indicio de la aceptación heroica de la pobreza. En *El árbol de la ciencia*, Baroja califica de estoico, no sólo a Andrés Hurtado, sino también al pueblo de Alcolea cuyo primitivismo le repugna[28]. Martín-Santos coincide con los escritores del 98 al atribuir el atraso económico a una parálisis de la voluntad; pero se niega a idealizarla. Al comparar el Escorial con un rígido cadáver, Martín-Santos indica la verdadera naturaleza de la firmeza estoica noventayochista. En su discurso sobre los escritores del 98, Martín-Santos les critica violentamente por su «idealización de unos hechos que en sí son desagradables, de esa España negra de secano que les ha fascinado por una extraña operación espiritual, quizá de resignación a lo inevitable, de la que sería muy interesante intentar un psicoanálisis»[29]. Es evidente que los esfuerzos de Pedro por convencerse de los encantos de lo primitivo, son hipócritas. La meseta castellana no es el «paisaje nunca castrado nunca» que él se esfuerza por ver (p. 239), sino que representa la castración de las posibilidades del país. López Ibor calificó al estoicismo de «posición erecta ante la vida»; Martín-Santos demuestra que, al optar por el estoicismo, Pedro se convierte en eunuco[30]. Al idealizar la pobreza, Pedro sólo imita el resto de su sociedad. El narrador parodia el estoicismo de los madrileños, al afirmar que sus vestidos están desteñidos a causa, no de la miseria, sino del sol brillante (p. 26); que «la repulsiva técnica del noroeste» es despreciable, por ser producto del «aburrimiento en la haz de sus pálidos países», (pp. 129, 44); y que el predominio de las enfermedades venéreas es un bien, ya que éstas son «males que provienen no de la pobreza y estrechez de su vida,

---

[28] Véase *El árbol de la ciencia*, pp. 165, 241.
[29] «Baroja-Unamuno», p. 110.
[30] J. J. LÓPEZ IBOR, *El español y su complejo de inferioridad*, 2.ª ed., Madrid, 1951, p. 128.

sino de un plus de energía, de vitalidad, de concupiscencia y hasta, en ocasiones, de dinero» (p. 31). Los huéspedes de la pensión son «mártires de todo confort que han hecho poco a poco la esencia de un país que no es Europa» (p. 16). La abuela de Dorita posee un talento genial para persuadirse a sí misma de que su vida mediocre ha sido conforme a sus deseos.

En el caso de los personajes de clase media, Martín-Santos les critica a ellos por recurrir al estoicismo. En el caso de los habitantes de las chabolas, Martín-Santos en cierto modo les acusa de idealizar su miseria, al congratularse de sobrevivir (p. 60); pero, en general, la crítica va dirigida a los noventayochistas, por sugerir que el pueblo español ha elegido la pobreza por vocación. Esto Martín-Santos lo parodia, al atribuir el uso de materiales improvisados en la construcción de las chabolas a «los valores espirituales que los otros pueblos nos envidian» (p. 32). La descripción falsamente bucólica de la vida del Muecas –«Alegres, pues, transcurrían los días del caballero» (p. 59)– parodia a Menéndez Pidal, que, en su ensayo *Los españoles en la historia*, define el estoicismo como «pobreza alegre». Según Menéndez Pidal, el estoicismo del pueblo español indica una nobleza innata, heredada de los romanos a través del filósofo estoico Séneca, nacido en España, cuyo pensamiento también fue exaltado por Ganivet como máxima expresión del carácter nacional[31]. El mito de la herencia romana fue uno de los temas predilectos del fascismo español. Martín-Santos parodia la idea de la nobleza innata del pueblo español, al describir al Muecas como «digno propietario [...] componiendo en su rostro los gestos heredados desde antiguos siglos por los campesinos de la campiña toledana» (p. 49). Los gestos que aquí se mencionan, lejos de ser indicio de una nobleza hereditaria, son los tics heredados de la corea (el baile de San Vito), cuya frecuencia entre los inmigrantes rurales de la posguerra hizo que se llamaran «coreanos». La parodia se hace grotesca con las referencias a «gentleman-farmer Muecasthone», con su finca dedicada a la crianza de «yearlings» (los ratones); y a «príncipe negro y dignatario Muecas», que demuestra «su naturaleza de señor», al dar palizas a su mujer e hijas (pp. 56-60).

Al exaltar la herencia romana del pueblo español, los noventayochistas reivindican, no sólo su nobleza, sino también

---

[31] R. MENÉNDEZ PIDAL, *Los españoles en la historia*, Buenos Aires, 1959, p. 17 y *passim*; y A. GANIVET, *Idearium español*, pp. 10-11.

su tradición democrática. Democracia aquí se entiende en el sentido romano del derecho del pueblo a imponer la ley, y no en el sentido moderno del derecho del pueblo a hacer la ley. Según esto, democracia significa apoyo popular a la autoridad. De ahí que, curiosamente, el franquismo propagara el mito de la tradición popular española. En *Tiempo de silencio*, el episodio de la revista musical muestra cómo la autoridad recurre al mito de las virtudes democráticas de la raza, al embaucar al pueblo con el espectáculo de «la historia feudal y fabulosa de las populacheras infantas abanicadoras de sí mismas y de las duquesas desnudas ante las paletas de los pintores plebeyos» (p. 222). El ejemplo predilecto del carácter popular de la historia española ha sido el Dos de Mayo, que Martín-Santos desmitifica al sugerir que el heroísmo del pueblo madrileño no indica una nobleza innata, por ser irreflexivo (p. 13); efectivamente, la revuelta popular del Dos de Mayo condujo al masacre. La venganza de Cartucho en el rival de clase superior del que sospecha un agravio, recuerda las comedias *Fuenteovejuna*, *Peribáñez* y *El alcalde de Zalamea*, elogiadas por el 98, por demostrar el temperamento democrático del villano castellano. La venganza de Cartucho, que se remata con una cita de *El burlador de Sevilla* (p. 232), no impone la justicia, sino que confirma la ley del más fuerte. El narrador señala que uno de los más conocidos episodios populares de la historia nacional fue la bienvenida dada por el pueblo al tirano Fernando VII (el Deseado), al vitorearle con el grito «Vivan las cadenas» (p. 222).

Al mismo tiempo que exaltan la tradición democrática del pueblo español, los noventayochistas sugieren que éste está caracterizado por un individualismo que lo hace incompatible con la democracia, ya que indica una tendencia anárquica que necesita ser refrenada por un «hombre de hierro». Es posible creer simultáneamente en la tradición democrática del pueblo y en la necesidad de la dictadura, porque el mismo individualismo que hace posible la intervención popular a favor de la autoridad, también hace posible la intervención popular en contra de ella. Por una parte, los escritores del 98 exaltan el individualismo, por oponerse a la apatía que también observan en el carácter nacional; pero, por otra parte, lo temen, ya que significa el poder de las masas. Esta actitud ambivalente se ve en la novela de Baroja, *César o nada*, la cual fue citada por Giménez Caballero en su antología fascista de la obra barojiana, *Comunistas, judíos y demás ralea* (1938). En *César o nada*, Baroja propone la contradictoria solución de una dictadura anarquista: «Somos individualistas; por eso más que una organización democrática, federalista, necesitamos una disciplina férrea, de militares. [...] Lo único que nos convendría es tener un jefe... para tener el gusto de devorarlo»[32]. Del mismo modo, Américo Castro y Sánchez Albornoz contradicen su republicanismo, al sugerir que los españoles, por individualistas, tienen una tendencia innata al autoritarismo. Sánchez Albornoz hasta sugiere que la tendencia de un país hacia las soluciones democráticas o autoritarias se hereda genéticamente[33]. La insistencia de los noventayochistas y sus sucesores en el individualismo, indica que el estoicismo es una virtud que ellos se han inventado, para compensar su miedo al poder popular.

La misma actitud contradictoria hacia el individualismo se evidencia en las ideas políticas de Ortega, que se satirizan en *Tiempo de silencio*. Ortega nunca aboga por la solución dictatorial; pero, al defender el individualismo liberal, demuestra su miedo al individualismo de las masas, que, para él, representan las nuevas «hordas invasoras». En su libro *España invertebrada*, Ortega lamenta la ausencia del feudalismo en la España medieval: o sea, la ausencia de una estructura social basada en la subordinación del siervo al amo. Según Ortega, la consecuencia de ello ha sido el predominio de las masas en la historia nacional, con la ausencia correspondiente de «grandes hombres»: «La gran desdicha de la historia española ha sido la carencia de minorías egregias y el imperio imperturbado de las masas»[34]. Aquí Ortega se hace eco de Unamuno, que criticó al pueblo español por «cumplir», pero no «obedecer»[35]. La solución que propone Ortega es la educación del pueblo, para que aprenda a obedecer a los que le son naturalmente superiores. Curiosamente, en *España invertebrada*, Ortega denuncia la falta de respeto hacia los «grandes hombres» que se observa en las reuniones burguesas: en *Tiempo de silencio*, la burguesía se humilla ante Ortega.

Martín-Santos critica duramente a Ortega por sus teorías

---

[32] P. Baroja, *César o nada*, en *Las ciudades*, Madrid, 1967, p. 158.
[33] C. Sánchez Albornoz, *España, un enigma histórico*, tomo I, p. 59.
[34] J. Ortega y Gasset, *España invertebrada*, 17.ª ed., Madrid, 1975, pp. 164-5; y *La rebelión de las masas*, 31.ª ed., Madrid, 1957, p. 94.
[35] M. de Unamuno, *En torno al casticismo*, p. 129.

elitistas. El narrador de la novela compara sarcásticamente la aparición de Ortega en el podio, al empezar la conferencia, con el *fiat lux* (p. 131). La tesis orteguiana de la necesidad de una élite intelectual se satiriza con la descripción de los clientes del café literario (el Café Gijón, que Martín-Santos frecuentaba de estudiante), «cuyas ideas un día inquietarán las mentes de los mejores en aulas, colegios y seminarios» (p. 65). La influencia de Ortega en las teorías educacionales de Laín Entralgo se parodia con el apodo «el hombre», que se aplica al Director del Instituto (p. 212). Martín-Santos indica la verdadera naturaleza de la meritocracia propugnada por Ortega, al relacionar su «divinidad» con la autoridad «divina» de la policía. La «teogonía» del Cine Barceló, donde tiene lugar la conferencia, tiene su versión paralela en la jerarquía vertical de la cárcel (pp. 130, 170). Esta jerarquía vertical se repite en el interior de cada clase social: por ejemplo, con la escala de «subinfiernos» de las chabolas (pp. 117-8). La comparación del Muecas con un burgués no es enteramente paródica: en comparación con Cartucho, lo es. En la España de la posguerra, Ortega tenía fama de radical, sobre todo al trasladar sus conferencias al Cine Barceló, después de ser expulsado de la Universidad de Madrid. Martín-Santos le acusa de justificar el concepto del estado vertical, que constituía el aspecto más auténticamente fascista del franquismo. Para Martín-Santos, los problemas del país son la consecuencia, no de una «rebelión de las masas», como lo afirma Ortega, sino de una jerarquía vertical que condena al individuo a la sumisión. *Tiempo de silencio* describe una sociedad de «masas inermes», que se postran ante Ortega (p. 128). En un libro escrito en el mismo año que *Tiempo de silencio*, el ex-falangista Dionisio Ridruejo llega a la misma conclusión con respecto al diagnóstico de Ortega:

Desde los ilustrados se impone en España una tendencia que va a tener diversas y, con frecuencia, negativas consecuencias: la de desestimar las fuerzas básicas, sociales y reales que deben encarnar al movimiento histórico, para sobreestimar las terapéuticas minoritarias [...] Correlativamente a estos impulsos, se registra la pasividad delegante con que los informes grupos españoles se distienden esperando de una acción superior la satisfacción de sus aspiraciones, ya sean éstas conservadoras y defensivas o progresistas y de vanguardia. ¿Acaso todo ello no añade una explicación muy profunda al desmayo de toda resistencia social y al desvanecimiento y debilidad de los grupos sociales de ahora?
En España, decía Ortega, no ha habido más que pueblo. Con esta afirmación expresaba, como es sabido, su nostalgia por unas minorías dirigentes,

aristocráticamente serviciales y orientadoras. Hay que rectificar un poco el concepto. En España no ha habido más que pueblo –pueblo allanado, informe, pasivo– y minorías decididas a imponérsele autoritariamente[36].

Al explicar la historia en términos del carácter nacional, sea éste individualista o no, los noventayochistas y sus sucesores necesariamente apoyan las soluciones autoritarias, ya que toda explicación racial de la historia conlleva la creencia en el determinismo y, por lo tanto, supone que el pueblo es incapaz de cambiarse a sí mismo. En su análisis del pensamiento del regeneracionista Joaquín Costa, Tierno Galván muestra cómo su tesis de que «la causa de nuestra inferioridad es étnica y tiene su raíz en los más hondos estratos de la corteza del cerebro», lleva a Costa a propugnar la «revolución desde arriba»[37]. El determinismo racial constituye el núcleo teórico del fascismo, tanto en España como en otros países (véase, por ejemplo, la película *Raza* [1941], cuyo guión fue escrito por Franco). En un artículo muy interesante, Carlos Castilla del Pino señala que, en las primeras décadas del franquismo, cuando él y Martín-Santos cursaban sus estudios, la psiquiatría española estaba viciada por la obsesión oficial con la pureza racial, que hizo que la salud mental se definiera en términos casticistas. Según este esquema, lo típicamente español era saludable, y lo «anti-español», enfermo[38]. La experiencia de la burocracia psiquiátrica que tuvo Martín-Santos de estudiante, y después, al asumir en 1951 la dirección del Sanatorio Psiquiátrico de San Sebastián, le habría familiarizado con los peligros de este tipo de psicologismo nacionalista. Su profesor López Ibor era conocido en la época por ser adepto del determinismo biológico. En su novela, Martín-Santos nos recuerda varias veces que la obsesión con la limpieza de sangre es antigua en España, remontando a la expulsión de los moros y la persecución de los judíos por la Inquisición (que el narrador, a través del pintor alemán, relaciona con el nazismo [p. 74]). Los escritores del 98 iniciaron su investigación del problema nacional apenas setenta años después de suprimirse la Inquisición. A pesar de denunciar a ésta por haber contribuido a la decadencia del país, los noventayochistas se hacen eco de su defini-

---

[36] D. Ridruejo, *Escrito en España*, Buenos Aires, 1962, p. 46.

[37] E. Tierno Galván, *Costa y el regeneracionismo*, Barcelona, 1961, p. 238.

[38] C. Castilla del Pino, «La psiquiatría española (1939-75)», en *La cultura bajo el franquismo* (varios autores), Barcelona, 1977, pp. 79-102.

ción racial de lo nacional. Incluso Américo Castro, no obstante la valiosa demostración de las consecuencias nocivas de la Inquisición, perpetúa una interpretación racial de la historia española, al definirla como producto de «las tres castas y casticismos». Castro se defiende de esta acusación, alegando que casta no es lo mismo que raza, pero la diferencia apenas se percibe.

Los noventayochistas y sus sucesores invocan las teorías raciales de una manera contradictoria. Por un lado, sugieren que las virtudes esenciales de la raza han sido corrompidas por una historia inauténtica, y que hace falta un «redentor» que redima al pueblo, al restuarar sus virtudes perdidas. Por otro lado, sugieren que la raza tiene unos defectos congénitos, que no tienen remedio. En este caso, a pesar de no ser posible la redención, el redentor todavía es necesario para salvar al pueblo de los errores que inevitablemente comete. Paradójicamente, el concepto positivista del determinismo racial conduce al concepto religioso del «redentor». Por algo se ha recurrido a la palabra «mesianismo» para denotar la popularidad de la solución dictatorial con los intelectuales españoles, de derechas y de izquierdas, de la primera mitad de este siglo. En los próximos capítulos veremos cómo, en *Tiempo de silencio*, el uso de la terminología religiosa alude al tema del mesianismo, que fue aprovechado por el franquismo, para justificar la dictadura.

En España, las teorías raciales fueron invocadas sobre todo para explicar la supuesta inferioridad intelectual nativa. Los que –como Ramón y Cajal o Laín Entralgo– se dedican a la enseñanza, sugieren que es un problema cultural. Pero la mayoría afirma que el problema es racial. Hay algunos que sostienen que los españoles no tienen una incapacidad congénita para las ciencias, pero que su carácter les ha inducido a no interesarse por ellas. En este caso, la inferioridad intelectual todavía se atribuye a una causa racial, pero no se considera como un defecto, sino como indicio de una superior preocupación con lo estético. Éste es el caso de López Ibor, que, en su libro *El español y su complejo de inferioridad*, afirma que el español ha elegido no interesarse por las ciencias; y de Américo Castro, que sugiere que «España [...] siempre sostuvo su derecho a vivir al margen de la Europa científica e industrializada»[39].

---

[39] J. J. López Ibor, *El español y su complejo de inferioridad*, p. 120; y A. Castro, *La realidad histórica de España*, p. 249.

En *Tiempo de silencio,* Pedro se hace eco de esta actitud, al pretender que ha querido ser un científico fracasado. El tema de la inferioridad intelectual fue fundamental en la polémica sobre el problema de España, y es fundamental en la novela de Martín-Santos.

Al sufrir un complejo de inferioridad intelectual, Pedro coincide, nuevamente, con el Andrés Hurtado barojiano. Los dos personajes reflejan la experiencia personal de sus autores de las deficiencias de la enseñanza científica en la Universidad de Madrid. Pero Martín-Santos discrepa de Baroja en cuanto a las causas de éstas. A pesar de denunciar la enseñanza médica, Baroja atribuye la inferioridad intelectual nativa a la herencia semita que, según él, no está dotada para el pensar abstracto. Ortega –germanófilo como Baroja– le apoya, al sostener que el español tiene una incapacidad congénita para el racionalismo, por predominar en él la sangre latina[40]. Los defensores de Ortega han intentado negar la importancia de sus teorías raciales, pero son fundamentales, por demostrar la relación del idealismo orteguiano con el esencialismo noventayochista. En sus *Meditaciones del Quijote,* Ortega sugiere que las diferentes razas tienen diferentes talentos. Clasifica a los europeos en dos tipos raciales («dos castas de hombre»): el germano intelectual y el latino sensual. El problema de España, según Ortega, es que se ha olvidado de la parte germánica (visigoda) de su herencia racial. España sólo podrá civilizarse, al subordinar la parte mediterránea de su carácter a la parte germánica:

No me obliguéis a ser sólo español si español sólo significa para vosotros hombre de la costa reverberante. No metáis en mis entrañas guerras civiles; no azucéis al ibero que va en mí con sus ásperas, hirsutas pasiones contra el blondo germano, meditativo y sentimental, que alienta en la zona crepuscular de mi alma.

No le importa a Ortega confundir lo latino con lo ibérico. En su libro posterior, *España invertebrada,* Ortega concede otro valor a la herencia germánica, pero todavía considera que ésta es la clave que explica los fallos de la historia nacional. Según él, la decadencia de España se debe a un «defecto de constitución» en su herencia racial, que consiste en la calidad inferior de la sangre de los visigodos que invadieron España, con respecto a las tribus germánicas que invadieron el

---

[40] J. ORTEGA Y GASSET, *Meditaciones del Quijote, passim.*

resto de Europa. Según Ortega, los visigodos eran inferiores porque no eran germanos auténticos, sino «germanos alcoholizados de romanismo». El tipo racial superior sigue siendo el germánico[41].

En *Tiempo de silencio*, el episodio del macho cabrío de Goya constituye una crítica violenta de las teorías raciales de Ortega. Martín-Santos acusa a éste de haber dado una justificación teórica al fascismo, al insistir en la inferioridad racial del pueblo español. El narrador asume la voz de Ortega para parodiar su argumento:

Sí, realmente sí, qué bien, qué bien lo has visto: Todos somos tontos. Y este ser tontos no tiene remedio. Porque no bastará ya nunca que la gente esta tonta pueda comer, ni pueda ser vestida, ni pueda ser piadosamente educada [...], ni puede ser selectamente nutrida [...] puesto que víctimas de su sangre gótica de mala calidad y de bajo pueblo mediterráneo permanecerán adheridos a sus estructuras asiáticas y así miserablemente vegetarán (p. 129)[42].

En una metáfora típicamente orteguiana, el narrador compara a los invitados a la recepción para Ortega con aves de distintas especies, para satirizar la preferencia de éste por las explicaciones raciales (pp. 135-6). Ortega no es el único personaje en la novela que enuncia ideas racistas. Hasta los habitantes de las chabolas desprecian a los nuevos inmigrantes del sur, por su «inferioridad étnica» (p. 58). Amador, por ser asturiano (celtíbero), se considera superior a «la masa de aborígenes esteparios» (p. 156). Baroja, y también Sánchez Albornoz, exaltaron al celtíbero, por ser superior al semita: de ahí que Martín-Santos califique a Ortega de «la más aguda conciencia celtibérica» (p. 131), lo cual estrictamente es un error, ya que Ortega denuncia tanto al ibero como al latino[43].

Martín-Santos critica a Ortega por recurrir a explicaciones raciales puramente hipotéticas, para desviar la atención de los problemas concretos del país. En la novela, Ortega («el gran matón de la metafísica» [p. 128]) ejerce una fascinación maligna sobre su público femenino, para distraerlas de la muerte

---

[41] J. ORTEGA Y GASSET, *Meditaciones del Quijote*, pp. 59, 71, 82; y *España invertebrada*, pp. 140, 149, 151.
[42] Alfonso REY (en *Construcción y sentido*, p. 231) reconoce la parodia de *España invertebrada*.
[43] Véanse P. BAROJA, *El mundo en ansí*, en *Las ciudades*, Madrid, 1967, pp. 439-48; y C. SÁNCHEZ ALBORNOZ, *España, un enigma histórico*, passim.

de sus niños desnutridos. La escena termina sarcásticamente: «te perdonarán los niños muertos que no dijeras de qué estaban muriendo» (p. 130). Martín-Santos sí nos explica la causa del mal: «la corteza de la naranja chupada permitirá el continuo crecimiento de genios elefantíasicos» (p. 128). El narrador prosigue –a través de una cadena de asociaciones, que le lleva de la elefantíasis al templo de Elefanta– a comparar la sociedad española con la sociedad de castas hindú. Sánchez Albornoz insistía en que sería mejor hablar de «clases», y no de «castas»[44]. Martín-Santos también sugiere que las «castas» de la sociedad española no son producto racial, sino consecuencia de un sistema de clases que no permite a las capas bajas tomar conciencia de su situación: «pueblo [...] habilidosamente segmentado (en sectas) como los anillos del repugnante anélido, ser inferior que se arrastra y repta, de modo que nunca pudiera llegar a sentirse apto para la efracción y brusco demolimiento o fuego destructor» (p. 129). El castizo pueblo español retratado por los escritores y pintores costumbristas constituye, no un tipo racial, sino una clase social producto de la miseria: «casta y casta y casta y no sólo casta torera sino casta pordiosera, casta andariega, casta destripaterrónica, casta de los siete niños siete, casta de los barrios chinos de todas las marsellas y casta de las trotuarantes mujeres de ojos negros de París» (p. 129). El catálogo termina con dos ejemplos no españoles, porque es una cuestión, no de raza, sino de clase.

Al rechazar las teorías raciales, Martín-Santos atribuye el problema de España a dos factores. El primero, que explica el fracaso intelectual, es la enseñanza; el segundo, que explica el fracaso económico, es el subdesarrollo. Las dos cosas están relacionadas, ya que la falta de conocimientos técnicos produce el subdesarrollo, y éste, a su vez, inhibe la enseñanza. En los dos casos, Martín-Santos adopta una posición europeizante. El problema de España es que es «un país que no es Europa» (p. 60). Las condiciones primitivas en el Instituto se contrastan continuamente con las que existen en las universidades extranjeras. Martín-Santos tenía experiencia personal de la Universidad de Heidelberg, donde pasó un año en 1950. El Director del Instituto también se ha educado en Alemania. Pedro sueña con una utopía tecnológica, situada en Estados Unidos.

---

[44] C. SÁNCHEZ ALBORNOZ, *España, un enigma histórico*, tomo II, p. 44.

Las investigaciones de Pedro, y de los otros estudiantes, son recopilaciones de investigaciones ya hechas, con resultado negativo, en los Estados Unidos (p. 124). Las revistas de la biblioteca del Instituto están escritas en alemán o inglés; los resultados de las pocas investigaciones originales llevadas a cabo allí sólo pueden divulgarse en el extranjero. Hasta los ratones tienen que ser importados. La muerte, por negligencia, del último ratón de laboratorio está presidida, irónicamente, por el retrato de Ramón y Cajal, el único científico español que ganara el Premio Nobel, que obtuvo en 1906 por sus investigaciones sobre el cerebro humano. El humanismo de Ramón y Cajal, con su visión idealista de la contribución de las ciencias a la regeneración nacional, se ha deteriorado hasta tal punto que:

la Genética –así utilizada– ha podido llegar a un resultado totalmente opuesto al que los primitivos pioneros de esta ciencia podrían desear (creación de una humanidad perfecta, extirpación de todo mal hereditario) haciendo aparecer una raza en que lo execrable es constante (p. 12).

Vale la pena recordar que un compatriota de Ramón y Cajal, Severo Ochoa, efectivamente obtuvo el Premio Nobel para las ciencias en 1959, pero como ciudadano de los Estados Unidos, donde había vivido y trabajado desde la guerra civil.

Martín-Santos señala la relación entre la enseñanza y el subdesarrollo, al insistir en la inferioridad técnica de España con respecto a los países del norte de Europa y de los Estados Unidos. La fabricación de adobes con barro reforzado con paja se describe sarcásticamente como versión nativa del hormigón armado (p. 42). Muecas transporta los ratones en una caja de huevos, en un triste simulacro de su transporte desde Estados Unidos en avión a reacción (p. 10). El abismo entre el subdesarrollo nativo y la superioridad técnica extranjera llega a un punto máximo en la escena del aborto de Florita. El instrumental médico es para uso en los animales. Los métodos barbáricos del curandero y las prácticas supersticiosas de las mujeres están precedidos por la descripción de un hospital moderno escandinavo (pp. 103, 106). Se compara al curandero con «cualquier médico famoso del siglo XVII» (p. 107). Cuando se califica a Florita de «mártir de la ciencia», hay que entender que es una mártir de la carencia de conocimientos técnicos (p. 53). La complicidad de Pedro en su muerte indica su complicidad, como científico fracasado, en el retraso de su país. La cancelación de su beca, que le induce a abandonar la investigación, afecta, no sólo su futuro personal, sino también el nacional.

Tiempo de silencio señala que el retraso técnico en España se debe, no a una incapacidad intelectual, sino a una desvalorización de lo científico. Hasta el director del Instituto (Laín Entralgo) acusa la preferencia orteguiana por la metafísica sobre la investigación práctica (p. 209). El narrador contrasta sarcásticamente el respeto (puramente teórico) que el Estado profesa por las ciencias, con la ausencia de materiales en el Instituto, hasta el punto de faltar un fregasuelos para la mujer de la limpieza (pp. 206-7). La sociedad española muestra una incomprensión total por el investigador. Para las mujeres de la pensión, Pedro es un buen partido; para las damas en la recepción para Ortega, un pájaro exótico pero pedestre (el pingüino, cuyo papel Pedro representa en la metáfora de las aves). No se sabe si Pedro tiene un talento auténticamente científico, pero sí se sabe que trabaja en condiciones imposibles. En el caso de Amador y Muecas, efectivamente hay indicios de una innata capacidad científica, lo cual sugiere que el pueblo posee un talento que, en vez de ser desarrollado, se ve frustrado por un sistema de enseñanza lamentable, además de inasequible.

Martín-Santos señala que el subdesarrollo inhibe la enseñanza, no sólo a causa de la falta de materiales, sino también a causa de la subalimentación, que afecta la inteligencia: «¿Cómo podremos nunca [...] con el ángulo facial estrecho del hombre peninsular, con el peso cerebral disminuido por la dieta monótona [...]?» (p. 8). Cuando los ratones se mueren –también «por falta de vitaminas» (p. 9)– Amador recuerda que, durante la guerra, la gente a veces ni siquiera tenía ratas que comer (pp. 8-9). Los españoles tienen una inferioridad física (pp. 189, 209), pero esto se debe, no a la herencia racial, sino a factores económicos que se pueden modificar:

Más desgraciados que en otros países, tales conciudadanos del Muecas [...] no podían atribuir la pertenencia a este o a aquel mundo de los dos (al menos) que superpuestos constituyen la realidad social de todas las ciudades [...] al accidente (tan confortantemente accidental) del color de la piel y de las proporciones relativas entre la fibra muscular y la tendinosa de la pantorrilla, correspondiente a individuos de dos razas biológicamente bien definidas. Aquí, una cierta estrechez de las frentes (que quizá, bien vistas, resultaran dilatables) no era base suficiente para saberse otro (p. 59).

Después de esta refutación de las teorías raciales, el narrador pasa a comparar a los habitantes de las chabolas con una tribu negra (pp. 59-60): en parte, para parodiar lo que ya ha refutado, pero también en parte para subrayar el subdesarrollo del país. Los regeneracionistas europeizantes de fin de siglo, Joaquín Costa y Lucas Mallada, también compararon al pueblo español con los indígenas africanos[45]. El narrador de la novela sugiere que las condiciones en las chabolas son incluso más primitivas que en el África (p. 44). Al final de la novela, Martín-Santos nos recuerda que, en 1949, los países africanos tenían una ventaja negada a España, por ser miembros de la ONU (p. 238). España no sólo no se ha desarrollado, sino que ha regresado a un estado animal. Martín-Santos compara la construcción de las chabolas con la labor de las hormigas, las abejas y los castores (p. 44), con una metáfora que plagia a Macías Picavea, en su libro *El problema nacional:*

¿Cómo se ejercen en España la mayor parte de esas industrias y artes? ¿Cómo la agricultura? ¿Cómo casi todos los oficios? Por una manualidad puramente tradicional y rutinaria, casi con el mismo instinto hereditario con que las sucesivas generaciones de abejas, castores u hormigas construyen siempre de idéntico modo sus panales, sus nidos hidráulicos o sus graneros subterráneos[46].

La mujer del Muecas está descrita en términos entomológicos, e incluso vegetales, con sus faldas color de mosca, que la envuelven como capas de cebolla (p. 51). La mujer del Muecas es una extensión de la tierra; su hija se llama Flora (pp. 200-1). Esta regresión a la naturaleza, que nada tiene de idílico, está simbolizada en el incesto que vincula a la familia del Muecas con los ratones, «en condiciones –tanto para los ratones como para los humanos– diferentes a las que idealmente se consideran soportables» (pp. 53-4).

A los regeneracionistas de fin de siglo les gustaba hablar del problema de España en términos de la enfermedad: véase, por ejemplo, el título del libro de Lucas Mallada *Los males de la patria.* El uso de la terminología médica encajaba con su diagnóstico positivista de síntoma, causa y remedio. Pero los noventayochistas sólo hallaron causas congénitas, y, por lo tanto, no pudieron recetar un remedio. La comparación de la

---

[45] Véanse E. TIERNO GALVÁN, *Costa y el regeneracionismo,* p. 152; y L. MALLADA, *Los males de la patria,* Madrid, 1969, pp. 41, 47.
[46] R. MACÍAS PICAVEA, *El problema nacional,* Madrid, 1972, p. 77.

sociedad con un organismo biológico conlleva consecuencias siniestras, no sólo por apoyar las teorías raciales, sino también por reducir al hombre a lo físico, excluyendo lo moral. Ortega, cuyo abuso de las metáforas biológicas es conocido, llega a decir que no le interesa una sociedad justa, sino una sociedad sana[47]. El regeneracionista Joaquín Costa propugnó una «política quirúrgica», que habría de llevar a cabo un «cirujano de hierro»[48]. La familia de la pensión y la familia del Muecas esperan su salvación de los talentos quirúrgicos de Pedro: con su mano insegura, éste no es la persona más apropiada para remediar sus males. El tema del cáncer en la novela sugiere una analogía entre los males sociales y la enfermedad. El cáncer es un símbolo apropiado, ya que sus causas son desconocidas. El tipo de cáncer que estudia Pedro es hereditario, pero él intenta probar que es un virus, porque «si fuera un virus, se podría descubrir una vacuna» (p. 197). O sea: si se puede probar que el mal de España no es congénito sino producto de factores ambientales, entonces éste se puede curar, mediante la modificación del ambiente[49]. De ahí que a Pedro le fascine la posibilidad de que las hijas del Muecas se hayan contagiado del cáncer a través de los ratones.

Hay que señalar que Pedro no consigue probar que el cáncer sea un virus. Pero esto no significa que el mal de España, a pesar de todo, sea hereditario. Las hijas del Muecas no se contagian, porque ya están contagiadas del mal de la miseria: «Lo que pasa es que, a los pobres, nada se les contagia. Están inmunizados con tanta porquería» (p. 35). El narrador señala que el cáncer que estudia Pedro, a pesar de ser hereditario, es producto espontáneo de la célula individual, que sólo posteriormente se transmite genéticamente a las generaciones venideras: «la estirpe portadora hereditaria de cánceres espontáneos» (p. 25); «la misteriosa muerte espontánea destructora no sólo de ratones» (p. 9); «sólo en ella se produce espontáneamente el fenómeno que sume a las familias en la desolación» (p. 12). El cáncer no sólo tiene su origen en un fallo espontáneo de la célula individual, sino que también se alimenta a costa de la misma: «la autofagia progresiva de su propia sustancia viva» (p. 12); «el protoplasma circundante [...] seguía [...]

---

47 J. ORTEGA Y GASSET, *España invertebrada*, p. 120.
48 E. TIERNO GALVÁN, *Costa y el regeneracionismo*, p. 241.
49 Esto lo señala José ORTEGA, en su artículo «La sociedad española contemporánea en *Tiempo de silencio* de Martín-Santos», p. 257.

creciendo, consumando sangre del mismo ser que era él mismo y hasta necrosándose en vivo» (p. 197). Según esto, el mal de España es una tendencia autodestructiva por parte del individuo, que no se explica en términos deterministas.

El uso por Martín-Santos del símbolo del cáncer sugiere que el mal de España es físico. Efectivamente, *Tiempo de silencio* señala que el mal principal es el problema material del subdesarrollo. Pero la novela también señala que el subdesarrollo tiene una explicación que va más allá de lo material. Martín-Santos refuta el determinismo racial noventayochista y orteguiano, que tanta influencia tuvo sobre el fascismo español. Al mismo tiempo, sugiere que tampoco el determinismo económico marxista basta para explicar el problema:

No debe bastar ser pobre, ni comer poco, ni presentar un cráneo de apariencia dolicocefálica, ni tener la piel delicadamente morena para quedar definido como ejemplar de cierto tipo de hombre al que inexorablemente pertenecemos y que tanto nos desagrada (p. 182).

Tanto el determinismo racial como el determinismo económico son deficientes, por suponer una causa material. Para Martín-Santos, la causa no es material, sino psicológica. Por algo dejó la cirugía por la psiquiatría. La obra psiquiátrica de Martín-Santos se dedica a denunciar todo intento de explicar la psicología en términos deterministas. Por tanto, la explicación psicológica que aparece en *Tiempo de silencio* se opone al análisis noventayochista del carácter nacional. En un artículo, Martín-Santos sugiere que es posible hablar de una psicología nacional: «La psiquiatría, no trata exclusivamente con sujetos individuales. Hay una psicología también de pueblos y naciones. Cada pueblo tiene sus complejos»[50]. Martín-Santos no habla de carácter nacional, sino de complejos nacionales. Un complejo no es congénito, ni producto de lo económico, sino —de acuerdo con la metáfora del cáncer— consecuencia autodestructiva de la reacción espontánea del individuo a un contexto hostil. *Tiempo de silencio* demuestra que el problema de España no lo explica el análisis determinista del tipo racial, ni el análisis determinista del medio ambiente, sino el análisis dialéctico de la actitud del español hacia el subdesarrollo de su país. El problema de España lo constituye, no su inferioridad, sino su complejo de inferioridad.

---

[50] L. MARTÍN-SANTOS, *Apólogos*, p. 104.

CAPÍTULO II

ANTECEDENTES SARTRIANOS

Contestando a unas preguntas que le hicieron poco antes de su muerte, Martín-Santos reconoció que su autor preferido era Sartre, «por su mayor proximidad a mi problemática moral»[1]. Según el psiquiatra Carlos Castilla del Pino, amigo y compañero de estudios de Martín-Santos, éste ya conocía la obra de Sartre cuando, en 1949, pasó del campo quirúrgico al psiquiátrico. La psiquiatría en Madrid, de acuerdo con las teorías de Laín Entralgo y López Ibor, le familiarizó con el existencialismo alemán, cuyo estudio se debió, no sólo a la germanofilia del régimen, sino también al tabú adscrito a la obra de Freud, prohibida hasta 1949 y desestimada hasta mucho después. Los dos profesores de Martín-Santos denunciaron a Freud en sus trabajos[2]. Es irónico que Freud estuviese prohibido por sus teorías sobre la sexualidad, ya que éstas habrían encajado perfectamente con el determinismo biológico profesado por López Ibor. Fue el estudio de la fenomenología alemana, y sobre todo de la obra de Jaspers (tema de su tesis doctoral), lo que llevó a Martín-Santos a poner en tela de juicio la base biológica de la psiquiatría oficial de la época. Sus conocimientos técnicos del existencialismo alemán –que pudo profundizar durante el año que pasó en Alemania en 1950– le dieron la formación intelectual idónea para comprender a Sartre.

---

[1] J. W. Díaz, «Luis Martín-Santos and the Contemporary Spanish Novel», p. 237.
[2] Véase T. Mermall, *The Rhetoric of Humanism*, cap. III.

Hay que destacar que el interés de Martín-Santos por Sartre es el de un psiquiatra, y no el de un filósofo, ni tampoco –en un principio al menos– el de un político. En su obra filosófica primordial, *L'Être et le néant*, Sartre desarrolló la base teórica de un «psicoanálisis existencial». Este texto ha sido de una importancia capital para la evolución de la psiquiatría existencial, escuela fundada por el suizo Binswanger, al romper con la teoría psicoanalítica clásica para practicar una terapéutica basada en la fenomenología heideggeriana. El primer artículo dedicado a Sartre por Martín-Santos –«El psicoanálisis existencial de Jean-Paul Sartre», de 1950– consiste en un estudio crítico de *L'Être et le néant*[3]. A partir de 1950, Sartre empieza a desplazar a los alemanes, con la sola excepción de Jaspers, en los trabajos psiquiátricos de Martín-Santos. En su última obra, *Libertad, temporalidad y transferencia en el psicoanálisis existencial*, los alemanes ya han desaparecido totalmente, para dejar lugar a una confrontación directa entre Sartre y Freud. Según Castilla del Pino, Martín-Santos no se familiarizó con la obra de Freud hasta 1956; sin embargo, ya en el artículo de 1950 sobre Sartre, habla de la importancia de la técnica freudiana de la transferencia[4]. Aparte del creciente interés por Freud, otro aspecto importante de la evolución intelectual de Martín-Santos fue su afiliación, a partir de 1957, al PSOE, del que fue, desde 1961 hasta su muerte en 1964, miembro del Comité Ejecutivo, representando a los socialistas del interior. Fue encarcelado por sus actividades políticas en dos ocasiones, en 1958 y en 1962[5]. La cárcel que aparece en la novela es

---

[3] L. MARTÍN-SANTOS, «El psicoanálisis existencial de Jean-Paul Sartre», *Actas Luso-Españolas de Neurología y Psiquiatría*, IX, núm. 3 (febrero 1950), pp. 164-78.

[4] Prólogo de Castilla del Pino a *Libertad, temporalidad y transferencia*, p. 22.

[5] Debo estos datos sobre las actividades políticas de Martín-Santos a Enrique Múgica, militante destacado del PSOE (actualmente Secretario de Política Institucional) y amigo íntimo de Martín-Santos. Esperanza G. Saludes (en las pág. 53-4 de su libro *La narrativa de Luis Martín-Santos a la luz de la psicología*, Miami, 1981, que apareció ya terminada la redacción de este libro) afirma que Martín-Santos fue cuatro veces preso político, siendo detenido brevemente en 1957 y nuevamente en 1959. Saludes también afirma que, en la fecha de su muerte, Martín-Santos se encontraba en libertad restringida en San Sebastián. Según mis informaciones, la detención de Martín-Santos en 1957 no fue por motivos estrictamente políticos; no he podido comprobar las otras afirmaciones de Saludes, que no indica la procedencia de sus datos.

la Dirección General de Seguridad, que Martín-Santos conoció por experiencia propia, antes de ser trasladado a Carabanchel. El interés de Martín-Santos por Sartre, que se despertó a causa de la psiquiatría, termina por ser también político.

En cierto modo, la trayectoria intelectual de Martín-Santos sigue la de Sartre, al evolucionar hacia el compromiso político. José María Castellet señala la importancia de que Martín-Santos no se afiliase –como la gran mayoría de los intelectuales de los años 50– al PCE, sino al PSOE, que en la época gozaba de poco prestigio[6]. Las ideas de Martín-Santos sobre la literatura, al romper con el realismo social, son totalmente congruentes con sus ideas políticas, ya que éstas prefieren la democracia social al marxismo. También Sartre, aunque no se afilia con la democracia social, insiste, en su *Critique de la raison dialectique*, en la necesidad de incorporar el concepto de la libertad individual al marxismo. Es, en muchos respectos, paradójico que Sartre –junto con Lukács– haya sido aclamado por los novelistas españoles de los años 50 como apóstol del realismo social. Pese a su actuación política, Sartre siempre encontró deficiencias en el marxismo.

De ahí, precisamente, la atracción de Sartre para Martín-Santos. En la práctica, aparte del compromiso político, el realismo social poco o nada había tomado de Sartre; su base ideológica era el marxismo ortodoxo. Martín-Santos criticó duramente la novelística de los años 50, por hacer del individuo un instrumento de fuerzas históricas ajenas a su voluntad:

Para ciertos teóricos marxistas, el campo de batalla entre el bien y el mal no es ya el alma del hombre, sino el medio social. [...] He aquí por qué la narrativa española, al cargarse de ideas sustituyendo al hombre por su circunstancia, ha perdido peso específico, y se ha alejado de la verdad artística[7].

En el congreso sobre el realismo celebrado en Madrid en 1963, Martín-Santos intervino con una diatriba –de la cual no queda una versión escrita, pero que, según los testimonios, fue

---

[6] Entrevista con José María Castellet.

[7] Citado por Aquilino DUQUE en su artículo «"Realismo pueblerino" y "realismo suburbano"», p. 9. J. C. CURUTCHET (en su libro *A partir de Luis Martín-Santos: Cuatro ensayos sobre la nueva novela española*, Montevideo, 1973) también reconoce la importancia de la ruptura efectuada por Martín-Santos con el realismo social.

brillante– en contra de los planteamientos teóricos de la crítica lukacsiana. Los novelistas del realismo social invocan el determinismo social para desmentir las teorías raciales noventayochistas; pero, al liberar al hombre del determinismo racial, le hacen víctima de la necesidad histórica. De la misma
manera que Martín-Santos critica a Baroja, por inventar personajes rígidos cuyos motivos no analiza, también critica a los
novelistas del realismo social, por crear «seres de una pieza»
cuya conducta no es más que una respuesta mecánica a un es-
tímulo exterior[8]. Dionisio Ridruejo, que había sido censor,
hizo la perspicaz observación de que la censura había tolerado
de modo sorprendente el realismo social, porque al régimen
le convenía que el público leyera sus relatos fatalistas de la
impotencia del individuo[9].

Cuando Martín-Santos dijo que su autor preferido era Sartre, se refería a un autor que, en aquellas fechas, ya no era conocido principalmente por su existencialismo, sino por sus intentos de reconciliar el existencialismo con el marxismo. Martín-Santos había leído *Question de méthode*, publicado originalmente en 1957 con el título *Existentialisme et marxisme*, y en
1960 incorporado como introducción a la *Critique de la raison
dialectique*[10]. No se sabe si había leído la *Critique* antes de escribir *Tiempo de silencio* un año después de su publicación;
pero pudo haberla leído en la versión original, ya que domina-
ba el francés. Lo que sí se sabe es que, en el momento de pu-
blicar *Tiempo de silencio*, Martín-Santos estaba preparando un
artículo sobre el concepto sartriano de la dialéctica, que coincide con el expuesto en la *Critique*. En su obra póstuma, *Libertad, temporalidad y transferencia*, desarrolla un análisis dialéctico, de origen inequívocamente sartriano, del proceso psicoanalítico.

En su artículo sobre el concepto sartriano de la dialéctica
–«Dialéctica, concienciación y totalización» (1962)– Martín-
Santos concurre con Sartre al criticar la dialéctica marxista,
por limitarse ésta a la descripción de las contradicciones que
existen en el medio social, las cuales actúan de manera no dia-

---

[8] «Baroja-Unamuno», pp. 113-4; A. Duque, «"Realismo pueblerino" y "realismo suburbano"», p. 9.

[9] D. Ridruejo, *Escrito en España*, p. 245.

[10] Esto lo afirma Castilla del Pino, en una entrevista con la autora de
este libro.

léctica, sino determinista, sobre el hombre. Para Martín-Santos como para Sartre, hace falta una descripción dialéctica también de la relación entre el hombre y su medio. Al igual que Sartre, Martín-Santos insiste en que el cambio histórico nace, no de las contradicciones sociales en sí, sino de una toma de conciencia del individuo que, al reconocer la existencia de las contradicciones del medio, se responsabiliza de ellas mediante su decisión de modificarlas:

La dialéctica de la naturaleza sólo podemos comprenderla [...] como acto humano de modificación de lo real (en cuanto que inerte facticidad) que nos condiciona. Es el hombre el que dialécticamente se hace cargo de la contradicción con que la naturaleza oprime su propio desenvolvimiento; es el hombre el que toma conciencia de su decisión de modificación de la naturaleza, que es tanto técnica como cognoscitiva[11].

Este concepto de la dialéctica, que toma en cuenta la libertad del individuo, es la base, no sólo de la discrepancia de Sartre con el marxismo, sino también –aunque no se use la palabra «dialéctica»– de la discrepancia de la psiquiatría existencial con Freud. El aporte principal de la psiquiatría existencial ha sido su rechazo de la base positivista del pensamiento freudiano. Según la psiquiatría existencial, la conducta humana no es producto de unos instintos biológicamente definidos, sino manifestación de una actitud hacia el mundo. La neurosis no se considera como síntoma de un trauma infantil, sino como estrategia libremente elegida para defenderse contra problemas actuales. La neurosis tampoco es producto del medio ambiente, sino una defensa contra él. La angustia no se considera malsana; al contrario, la neurosis se define como el intento de evitar la angustia que necesariamente caracteriza la existencia humana. La neurosis es una forma de mala fe. El neurótico niega la existencia del problema, para no tener que enfrentarse con él. La enfermedad mental no es una desviación de la conducta social convencional, sino una forma de evasión que, al negar la existencia del problema y, por lo tanto, la necesidad del cambio, viene a ser una forma de conformismo. Según esto, el individuo sano es el inconformista. De ahí que, en *Tiempo de silencio*, Martín-Santos sugiera que Don Quijote no era loco. Esta definición de la salud mental acarrea importantes consecuencias políticas. Para el existencialismo, sufrir an-

---

[11] *Apólogos*, p. 140.

gustia equivale a ser libre. Al insistir en que la neurosis es una defensa contra la angustia, la psiquiatría existencial sugiere que el impulso primario del hombre es el miedo a la libertad. El neurótico se enajena voluntariamente, para evitar la angustia de ser libre. Esto lo explica Gerald Izenberg, en su excelente estudio *The Crisis of Autonomy: The Existential Critique of Freud:* «Las teorías existenciales subrayan la importancia de la libre aceptación de la autoridad exterior por parte del individuo, a fin de conseguir, a través de aquella autoridad, la seguridad ontológica»[12]. La psiquiatría existencial rechaza el determinismo freudiano para afirmar la libertad humana; pero sugiere que la mayor parte de los hombres aprovechan su libertad para destruirla.

En su artículo de 1950 sobre *L'Être et le néant,* Martín-Santos elogia a Sartre específicamente por su análisis del complejo de inferioridad, que éste interpreta como el resultado, no de una situación de fracaso, sino de una elección del fracaso por parte del individuo. Martín-Santos parafrasea a Sartre: «No existe un complejo de inferioridad que el enfermo sufre, sino un proyecto de inferioridad que el enfermo elige»[13]. Un complejo de inferioridad no es el reconocimiento del fracaso, sino un intento de evitar el fracaso. El individuo se declara fracasado de antemano, para no tener que exponerse a situaciones problemáticas que pudieran demostrar su ineficacia. El individuo crea él mismo el fracaso que desea evitar, para sentirse dueño de sus actos. El análisis existencial de la neurosis se basa sobre la teoría del «double bind», desarrollada por uno de los apologistas más famosos de la psiquiatría existencial, R. D. Laing[14]. Según esta teoría, el neurótico se ve atrapado en una situación que sólo le ofrece dos escapatorias contradictorias, ambas expuestas al fracaso. Fundamentalmente, sus opciones se limitan a afirmar su libertad mediante el inconformismo, o negar su libertad mediante el conformismo. Si opta por la libertad, corre el riesgo de fracasar; si opta por el conformismo, se sabe condenado al fracaso. Laing sugiere que la mayoría de los hombres prefiere la seguridad del fracaso cierto a la inseguridad del fracaso posible. Esto lo ex-

---

[12] G. N. IZENBERG, *The Crisis of Autonomy: The Existentialist Critique of Freud,* Princeton, 1976, p. 306. La traducción es mía.

[13] «El psicoanálisis existencial de Jean-Paul Sartre», p. 172.

[14] Véase R. D. LAING, *The Divided Self,* 2.ª ed., Harmondsworth, 1965.

presa Pedro en *Tiempo de silencio*, al decir: «Todos los hombres buscan su perdición por un camino complicado o sencillo» (p. 176). Al declararse fracasado, Pedro opta por el camino sencillo del fracaso cierto. El círculo vicioso del «double bind», que lleva al hombre a destruirse a sí mismo para evitar el riesgo de ser destruido, coincide con la dialéctica circular desarrollada por Sartre en la *Critique*. La coincidencia entre la psiquiatría existencial y la obra postrera de Sartre la demuestra el hecho de que el ensayo más entusiasta que se ha escrito sobre la *Critique* sea el de Laing, en su libro *Reason and Violence*[15].

Esta coincidencia se explica por haber roto la psiquiatría existencial con el concepto patológico de la neurosis profesado por Freud, no sólo al rechazar las explicaciones deterministas, sino también al conceder más importancia al contexto social. El concepto freudiano de la neurosis como una reacción biológica a un trauma infantil, limita el contexto social a la familia y, más aún, a la infancia. La psiquiatría existencial toma de Heidegger y de Sartre la idea de que la existencia, de por sí, constituye una relación con un contexto presente (el término empleado por Binswanger para denominar a la psiquiatría existencial es «Daseinanalyse»). La situación familiar se considera como parte de un contexto social más amplio. Sin embargo, hay una diferencia capital entre la psiquiatría existencial y la filosofía existencialista, por tener aquélla más fe en la posibilidad de una conducta social auténtica. Izenberg señala que los psiquiatras, por motivos profesionales, tienen que creer en la posibilidad de la cura[16]. El punto débil de la filosofía existencialista –especialmente la sartriana– consiste en su tendencia a equiparar lo social con lo inauténtico, al suponer que el hombre existe en un contexto social, pero que este hecho le impide realizarse. En su artículo de 1950 sobre *L'Être et le néant*, Martín-Santos censura duramente a Sartre por su visión pesimista de las relaciones intrapersonales[17]. Hay que subrayar que la actitud de Martín-Santos es la de la psiquiatría existencial, que, en muchos respectos, se aproxima más al pensamiento postrero de Sartre que al existencialismo antisocial de su primera época.

---

[15] R. D. LAING, *Reason and Violence: A Decade of Sartre's Philosophy (1950-60)*, Londres, 1964.

[16] G. N. IZENBERG, *The Crisis of Autonomy*, p. 284.

[17] «El psicoanálisis existencial de Jean-Paul Sartre», p. 176.

Los críticos que han estudiado la relación de *Tiempo de silencio* con el existencialismo, suponen que la novela refleja directamente la visión antisocial del Sartre existencialista. Gemma Roberts –en un análisis por cierto muy interesante– dedica tanta atención al tema de la enajenación del individuo por la sociedad, que llega a la conclusión de que la novela ironiza la creencia sartriana en la libertad del individuo[18]. Los lectores de las novelas existencialistas de Sartre podrían fácilmente llegar a la misma conclusión. Alfonso Rey tiene razón cuando insiste en que Martín-Santos sí afirma la existencia de la libertad, pero no cuando sugiere que la afirma al hacer que Pedro esté motivado por un proyecto existencial inconformista[19]. Pedro, efectivamente, enuncia un proyecto existencial, que indica su intención de rechazar la mediocridad de su sociedad: «el proyecto de ir más lejos, la pretensión de no ser idéntico a la chata realidad de la ciudad, del país y de la hora» (p. 95). Pero, de hecho, todos sus actos son conformistas. Aquello Rey lo explica sugiriendo que Pedro es un héroe existencialista fracasado, que traiciona su proyecto. Este argumento es inválido: todo héroe existencialista es un héroe fracasado, pero en el sentido de ser vencido por aferrarse a un proyecto que está en conflicto con las leyes sociales y naturales. Pedro fracasa por no enfrentarse con su sociedad ni con su propia naturaleza humana. Fracasa porque, en realidad, su proyecto no es un auténtico proyecto inconformista. La libertad de Pedro –paradójicamente– la demuestra su libre elección del fracaso. *Tiempo de silencio* señala que el complejo de inferioridad del español es –conforme con la definición sartriana del complejo de inferioridad– un «proyecto de inferioridad».

Sólo un crítico ha hecho observar que a Pedro no le destruye la sociedad, sino su propia tendencia al conformismo. Éste es John Lyon, en su importante artículo «Don Pedro's Complicity: An Existential Dimension of *Tiempo de silencio*». Hay que señalar que, si el tema de *Tiempo de silencio* es la complicidad, lo es por discrepar Martín-Santos con la visión totalmente negativa de la sociedad que tiene el existencialismo. La novela demuestra que el individuo es cómplice de la sociedad, porque ésta no sólo le perjudica, sino que también le beneficia. Martín-Santos, como psiquiatra existencial, sugie-

---

[18] G. ROBERTS, *Temas existenciales*, pp. 145-6.
[19] A. REY, *Construcción y sentido*, pp. 238-49.

bad faith = good

re que la existencia social es problemática, porque la relación
entre sociedad e individuo es negativa y positiva al mismo
tiempo. La visión que tiene Martín-Santos de la existencia social es más compleja que la del Sartre existencialista. Lo que
Martín-Santos toma del existencialismo sartriano son aquellos
aspectos que fueron desarrollados por la psiquiatría existencial, y por el mismo Sartre en su obra posterior.

El aporte principal de Sartre a la psiquiatría existencial ha
sido su concepto de la mala fe. Es extraño que no se haya estudiado el tema de la mala fe en *Tiempo de silencio,* ya que es
fundamental en la obra psiquiátrica de Martín-Santos. Para
Sartre, la mala fe consiste en el intento de negar la libertad,
para evitar la angustia de la culpabilidad. Esto se consigue de
dos maneras: al pretender estar determinado por las circunstancias o por el carácter; o al representar un papel[20]. Casi todos los personajes de *Tiempo y silencio* recurren a la mala fe, y
Pedro más que nadie.

Desde el principio de la novela, Pedro finge estar determinado por fuerzas ajenas a su control: «Afirmando: La culpa no
es mía. Afirmando: Algo está mal, algo no sólo yo. Afirmando:
El mal está ahí» (p. 92). Casi todos los críticos suponen que Pedro es víctima de las presiones sociales, sin ver que él actúa
de mala fe cuando echa la culpa de sus males a una fuerza externa. Cuando el narrador habla del «deber» de Pedro de
complacer a las mujeres de la pensión, o de operar a Florita
(pp. 226, 109), ironiza la mala fe de Pedro, que siempre se imagina que es su deber acceder a las demandas ajenas. Pedro no
tiene que seducir a Dorita, a la que no quiere, ni ayudar al
Muecas, que ya sabe no es de fiar, si él no quiere hacerlo. El
narrador nos muestra que, en ambos casos, existe una alternativa, al señalar que la mano de Pedro va primero a la puerta
de su propia habitación y no a la de Dorita; y que el primer
impulso de Pedro, al llegar a las chabolas, es denunciar al
Muecas y pedir una ambulancia para conseguir una tranfu-
sión. Las únicas presiones sociales que Pedro no puede evitar
son su encarcelamiento, del cual es liberado; y la cancelación
de su beca, que no le obliga a abandonar la investigación, ya
que la mayoría de los posgraduados trabajaban para pagar sus
estudios. Pedro se cree obligado a ir de médico a un pueblo,
porque lo sugiere el Director del Instituto. El asesinato de Do-

---

[20] J.-P. SARTRE, *L'Être et le néant,* París, 1977, pp. 82-107.

rita es muy desagradable, pero no destruye la libertad de Pedro: al contrario, le deja libre para buscar la mujer superior que dice necesitar. El hecho de que opte por un futuro de «aldeanas sumisas» (p. 238), sugiere que no eran muy sinceros sus deseos de casarse con una mujer que fuese su igual. Al pretender que tiene que hacer lo que quieren los demás, Pedro intenta evitar su responsabilidad, pretextando que sólo obedece órdenes. Del mismo modo, al seducir a Dorita, pretexta que él no comete sus actos, sino que obedece a su cuerpo, que actúa por su cuenta, como si estuviese poseído por un demonio (p. 96)[21]. El uso de la palabra «demonio» indica la creencia supersticiosa de Pedro en un destino maligno. Considera su participación en el aborto como una «odisea que el destino le había preparado» (p. 100). Su primer pensamiento en la cárcel es «El destino fatal» (p. 175). Esta creencia fatalista en el destino se confirma al final de la novela: «Yo el destruido, yo el hombre al que no se le dejó que hiciera lo que tenía que hacer. Yo a quien en nombre del destino se me dijo: "Basta"» (p. 236). Pedro no se diferencia de las mujeres de las chabolas, que atribuyen la muerte de Florita a «la fatalidad» (p. 108). Alfonso Rey señala que Pedro aparece como un personaje sartriano sin un pasado que lo defina[22]. Sin embargo, al pretender ser víctima del destino, Pedro se esfuerza por convertirse en un personaje definido por el pasado. De ahí que, al final de la novela, considere su futuro como un fin: «Ya estoy en el principio, ya acabó» (p. 233). La misma falsa creencia en el determinismo se evidencia en la abuela de Dorita, que atribuye su degradación moral a su viudez, la menopausia, el ron y la «debilidad de mi carácter» (pp. 17-25). El pasado de la abuela sí está descrito, precisamente para mostrar que, a pesar de lo que dice ella, no la determina.

La sociedad franquista también recurre a la mala fe de representar un papel. Con esto, el individuo no sólo niega su propia libertad, sino que también intenta negar la ajena. Para Sartre, toda relación intrapersonal es sadomasoquista, ya que la libertad se realiza sólo a costa de la de los demás. Por lo tanto, no hay más opción que destruir al otro, o aceptar ser

---

[21] G. ROBERTS (*Temas existenciales*, pp. 161-7) y A. REY (*Construcción y sentido*, pp. 167-84) sugieren que la disociación de Pedro de su cuerpo representa su enajenación por lo físico. Al contrario, Pedro es el que quiere disociarse, para evadirse de su culpabilidad.

[22] A. REY, *Construcción y sentido*, pp. 45-6.

destruido por él. Según Sartre, la gente niega la libertad ajena sobre todo a través de la mirada, que reduce al otro a un objeto[23]. En *Libertad, temporalidad y transferencia*, Martín-Santos habla detenidamente del problema de la mirada. El miedo a la mirada ajena impulsa al individuo a la mala fe de representar un papel, sustituyendo «la mirada» por «la máscara»:

La libertad del otro –quiérase o no– es vivida como amenazante. La prueba de que ello es así nos la da indirectamente la sociedad al elaborar técnicas defensivas contra las libertades ajenas. La posibilidad de contactos exentos de temor se logra mediante mecanismos relativamente ficticios por su carácter obligado y común. Se elabora así la máscara social conveniente y adecuada. La mirada es integrada en esta máscara y pasa a formar parte de la sonrisa social. Cuando la verdadera mirada aparece bajo la máscara social es considerada como incorrecta o grosera, precisamente porque es capaz de provocar terror. El neurótico, por lo general, intenta lograr una gran perfección y uso de su máscara social[24].

En su obra psiquiátrica, Martín-Santos insiste en que Sartre se equivoca al considerar inauténtica toda relación humana, ya que su propia experiencia de la técnica freudiana de la transferencia le ha enseñado que es posible ayudar al neurótico a establecer una relación creadora con los demás[25]. Según Martín-Santos, el psicoanalista consigue que el neurótico supere su «terror del otro», al hacerle pasar de una relación «genital» (posesiva) con los demás, a una relación «erótica» (no posesiva). Martín-Santos concede un alto valor al erotismo, que define como «el juego de la mirada, el reconocimiento libre de las libertades mutuas»[26]. Su importante artículo «El plus sexual del hombre, el amor y el erotismo», publicado póstumamente, concluye que la relajación de los tabúes morales facilita cada vez más las auténticas relaciones eróticas[27].

Pedro medita teóricamente sobre el erotismo (p. 95), pero en la práctica casi todas las relaciones humanas en la novela son posesivas. La única persona que se comporta de una manera auténtica es la mujer del Muecas, que, por ser analfabeta, es incapaz de adoptar una máscara social: «No sabe tratar»

---

[23] *L'Être et le néant*, pp. 298-349.

[24] *Libertad, temporalidad y transferencia*, p. 175.

[25] «El psicoanálisis existencial de Jean-Paul Sartre», pp. 176-8.

[26] *Libertad, temporalidad y transferencia*, pp. 187-92.

[27] L. MARTÍN-SANTOS, «El plus sexual del hombre, el amor y el erotismo», *Tiempo de España*, III (1965), p. 130.

51). El ojo terrible que asoma detrás de la máscara sonriente aparece con el macho cabrío: «Pero que ahí está, brillante, resplandeciente; y es que lleva una máscara. Únicamente el ojo pertenece a la realidad submascarina» (p. 128). También aparece, de manera implícita, con la policía: «Pedro contempló frente a él el rostro cuya aparición había estado temiendo [...] y que no había podido apercibir tras la cáscara blanda de Similiano» (p. 170). En los dos casos, el ojo capaz de producir terror pertenece a una figura que representa a la autoridad. Los otros personajes que adoptan una máscara son la madre de Matías (p. 126) y Muecas (pp. 49, 101). La máscara de la madre de Matías es un gesto de superioridad, que no reconoce la humanidad de los demás seres. El virtuosismo de las máscaras del Muecas es consecuencia del mal coreano, pero éste manipula su tic nervioso para aparentar un servilismo que induzca a los demás a ser benevolentes. Matías no recurre a una máscara explícita, pero siempre representa un papel, al afectar la superioridad (en el Café Gijón y el burdel) o el servilismo (en la recepción para Ortega). Las «blancas de trata» del burdel se convierten en objeto para sus «verdugos», al representar su papel profesional (p. 84). Pedro también se objetiviza, al representar el papel de médico en la recepción para Ortega, y, con consecuencias más graves, al operar a Florita, como si sus actos correspondieran a su papel profesional, y no a él como persona (p. 110). De este modo, Pedro también convierte a Florita en objeto. En general, es Pedro quien se deja convertir en objeto por los demás. Casi todos los personajes de la novela tratan de manipularle para su uso personal. Las mujeres de la pensión le aprisionan en su «mirada posesiva»; Pedro consiente en ser la mosca que se deja devorar por la flor carnívora (pp. 38, 95).

Martín-Santos está de acuerdo con la definición sartriana de la mala fe de negar la libertad; pero también sugiere que existe otro tipo de mala fe, no reconocido por Sartre: la de negar las limitaciones. Los personajes de *Tiempo de silencio* no sólo fingen que no son libres cuando lo son, sino también que son libres cuando no lo son. En *Libertad, temporalidad y transferencia*, Martín-Santos insiste en que la libertad depende del reconocimiento de las limitaciones sociales. La libertad total sólo existe teóricamente: «Podemos admitir el acto de pura libertad como posible, pero, en rigor, es indemostrable»[28]. Para

---

[28] L. MARTÍN-SANTOS, «La psiquiatría existencial», *Apólogos*, p. 114.

good

Martín-Santos, la existencia de las limitaciones sociales no es
–como para Sartre– trágica, ya que obliga al hombre a asumir
su responsabilidad hacia la sociedad. Martín-Santos sugiere
que la libertad se manifiesta, no al rechazar la sociedad, sino
al aceptar la responsabilidad social. La conducta del hombre
se entiende sólo en términos de «cómo y de qué manera asume su situación»[29]. Martín-Santos identifica la neurosis con la
evasión de la responsabilidad social, y señala que la tarea del
psicoanalista consiste en hacer aceptar al neurótico que es
responsable de sus actos, y que, por lo tanto, puede romper
con la neurosis para establecer una relación constructiva con
la sociedad: «la curación total del neurótico, o sea, la madurez
plena del individuo humano, sólo se logra mediante su inte-
gración aceptada y plena de sentido ético dentro del proceso
histórico universal». De este modo: «el individuo acepta su
destino y se compromete con él, aunque en rigor el origen de
su persona –y con él de su destino– no haya dependido de su
libertad». Martín-Santos hace notar que, con esto, no recomienda la resignación al destino, sino el compromiso social[30].

Para Sartre, la libertad se manifiesta al negar el mundo exterior. En su importante estudio de la ética de Sartre, Francis
Jeanson señala que su definición de la libertad como negación
se confunde fácilmente con el abstencionismo[31]. Para Sartre,
el hombre está «condenado» a la libertad, porque ésta consiste en mantenerse fiel a la «nada» que constituye el ser esencial del hombre[32]. Con razón, los protagonistas de sus novelas
se desesperan de cumplir esta tarea imposible. La única solución –aparte de la muerte– que ofrece Sartre es la no solución,
encontrada por Roquentin al final de *La Nausée*, de refugiarse
en el mundo inexistente del arte[33]. Sartre intentó resolver el
problema del carácter negativo de la libertad, alegando que la
negación del mundo exterior significa el reconocimiento de la

---

[29] *Dilthey, Jaspers y la comprensión del enfermo mental*, p. 172.

[30] *Libertad, temporalidad y transferencia*, pp. 241, 245. José SCHRAIBMAN
(en su artículo «*Tiempo de silencio* y la cura psiquiátrica de un pueblo: España», *Ínsula*, núm. 365 [abril 1977], p. 3) sugiere erróneamente que, al recomendar la aceptación del destino, Martín-Santos recomienda la resignación estoica. Martín-Santos explica claramente que «aceptación del destino» significa «compromiso» y no «resignación».

[31] F. JEANSON, *Le Problème moral et la pensée de Sartre*, París, 1947,
pp. 71-131, 283-357.

[32] *L'Être et le néant*, pp. 37-81.

[33] J.-P. SARTRE, *La Nausée*, París, 1972, pp. 245-8.

necesidad de cambiar aquel mundo, y que, por lo tanto, la negación ya es un paso hacia el compromiso[34]. Pero, para Sartre, el compromiso significa la pérdida de la libertad. En sus obras de teatro *Les Mouches* y *Les Mains sales*, Sartre propugna el compromiso político, pero éste se identifica con el acto criminal. Sartre condena al hombre a vivir en el mundo, pero, con esto, le condena a la inautenticidad.

En *Tiempo de silencio*, Martín-Santos critica la definición negativa de la libertad profesada por Sartre, por tender hacia el abstencionismo. Para Martín-Santos, la sociedad representa las limitaciones a la libertad humana, pero la vida en sociedad no es necesariamente inauténtica: al contrario, la evasión de las limitaciones es tan grave como la evasión de la libertad. Los dos tipos de evasión se complementan, ya que, al evadirse de sus limitaciones sociales, el individuo acepta su impotencia para enfrentarse con ellas. El psiquiatra existencial Igor Caruso –a quien Martín-Santos alude, algo despectivamente por cierto, en *Libertad, temporalidad y transferencia*– censura a Sartre por no ver que los neuróticos afirman no sólo ser víctimas del determinismo, sino también haber elegido libremente su conducta neurótica, cuando, en realidad, están motivados por una compulsión que no quieren recononer[35]. Martín-Santos también hace notar que el neurótico pretende desear la neurosis de la cual afirma ser víctima[36]. Pretender que uno es víctima del determinismo equivale a sugerir que las cosas no podrían ser de otra manera. Pretender que uno desea ser víctima del determinismo equivale a sugerir que las cosas no deberían ser de otra manera. El análisis que hace Martín-Santos de la neurosis constituye una descripción perfecta de la «libertad por sumisión» estoica. Es interesante observar que Jeanson, en su análisis de la problemática moral en el pensamiento de Sartre, sugiere que éste se aproxima al estoicismo, puesto que, al definir la libertad como el ser fiel a la nada esencial del hombre, recomienda no sólo la negación del mundo exterior, sino también la libre elección de un destino esencial[37]. Sartre rechaza el esencialismo, al insistir en que el hombre no

[34] *L'Être et le néant*, pp. 612-5.

[35] I. CARUSO, *Existential Psychology: From Analysis to Synthesis*, Londres, 1964, p. 63. MARTÍN-SANTOS se refiere a Caruso en *Libertad, temporalidad y transferencia*, p. 29.

[36] *Libertad, temporalidad y transferencia*, p. 147.

[37] F. JEANSON, *Le Problème moral et la pensée de Sartre*, p. 306.

tiene esencia y que, por lo tanto, la existencia consiste en el cambio; pero luego se contradice, al decir que la esencia del hombre es la nada, como si esto fuese una realidad inherente e inmutable. Al igual que Sartre, Martín-Santos rechaza el esencialismo para afirmar una visión histórica de la existencia; pero evita las contradicciones del existencialismo sartriano, al sugerir que la libertad se manifiesta a través del compromiso con las limitaciones de la historia, y no a través de la fidelidad a una nada esencial. Al acusar a sus personajes de la doble mala fe de negar sus limitaciones además de negar su libertad, alegando que son libres por haber elegido no ser libres, Martín-Santos por un lado hace un psicoanálisis del estoicismo noventayochista; pero, por otro, también sugiere –de acuerdo con Jeanson– que la definición sartriana de la libertad como negación se confunde fácilmente con la evasión de la responsabilidad social.

El proyecto existencial de Pedro se enuncia una sola vez, justamente antes de que él lo traicione al seducir a Dorita. Se expresa en términos negativos típicamente sartrianos: «no ser idéntico», «él es distinto», «él vive en otro mundo» (p. 95). Al optar por la negación, Pedro no muestra su inconformismo con su sociedad, sino su deseo de disociarse de ella. Su sueño de ganar el Premio Nobel no es un proyecto válido, ya que constituye el abandono de la realidad por la fantasía. La reacción ambigua que Pedro experimenta en la recepción para Ortega demuestra que su proyecto no es inconformista, sino evasivo. John Lyon señala que este episodio es capital para entender la motivación de Pedro[38]. En aquel momento, Pedro reconoce que su desprecio por la alta burguesía es un «resentimiento de desposeído», producido por un complejo de inferioridad: «¿Pero desprecia este otro modo de vivir porque realmente es despreciable o porque no es capaz de acercarse lo suficiente para participar?» (p. 140). Su proyecto de «no ser idéntico» resulta ser la otra cara de un deseo de ser aceptado. Pedro traiciona su proyecto, porque realmente significa lo contrario de lo que él cree. Pedro dice «no» a su situación, no en el sentido de rebelarse, sino en el de adoptar un aislamiento defensivo. Las únicas negativas que enuncia Pedro en la novela son abstencionistas: «no ser idéntico», «no pensar», «no moverse». En realidad, Pedro siempre dice «sí», porque desea

---

[38] J. Lyon, «Don Pedro's Complicity», pp. 74-5.

ser aceptado. Cuando la madre de Matías le pregunta si irá a la conferencia, contesta «Sí, claro que sí», sin saber de qué conferencia se trata (p. 126). «Sí» es la única palabra que Pedro pronuncia durante el viaje a las chabolas para ayudar a Florita. La pasividad abstencionista se convierte en pasividad conformista. Al optar por la pasividad, Pedro efectivamente elige el fracaso. De ahí que, al final de la novela, no considere su futuro de médico de pueblo como una oportunidad de hacerse útil en un terreno práctico, sino que espera ser rechazado por el pueblo para poder cazar perdices (p. 293). Pedro cree que la inacción le libra de responsabilidad: «no puedo hacer nada, luego no puedo equivocarme» (p. 187). Con esto, recurre a la «inacción no-dañina» del Mago, y al «stelltotenreflex» de las mozas castellanas, que dice despreciar (pp. 108, 237). Al subrayar la importancia de la responsabilidad social, la psiquiatría existencial insiste en que el hombre es más culpable de lo que no hace, que de lo que hace[39]. Martín-Santos muestra que Pedro recurre a su proyecto existencial de negar la sociedad, para convencerse de que es activo, cuando, en realidad, todos sus actos constituyen un «no hacer».

Pedro enuncia su proyecto existencial una sola vez, pero recurre varias veces al concepto sartriano de la libertad como negación, para justificar su inacción. Todos los críticos han interpretado el monólogo de Pedro en la cárcel como prueba de su conciencia existencial, sin fijarse en la obvia ironía. Pedro pretende que, libre de sus obligaciones sociales, es más libre en la cárcel de lo que nunca fue en el mundo exterior: «Ahora vivo más. La vida de fuera está suspendida con todas sus cosas tontas. Han quedado fuera. La vida desnuda» (p. 179). Pedro cita el ejemplo sartriano del preso que retiene libertad para elegir su actitud hacia su prisión; pero lo hace para justificar, no su rebelión, sino su resignación: «El hombre imperturbable [...] puede decir que triunfa [...] Si guarda su fondo de libertad que le permite elegir lo que le pasa, lo que le está aplastando» (p. 177). En *Libertad, temporalidad y transferencia*, Martín-Santos también cita el ejemplo sartriano del preso para afirmar la indestructibilidad de la libertad humana[40]. En la nove-

[39] Un análisis interesante del problema del «no hacer» en la psiquiatría existencial se encuentra en E. Z. FRIEDENBERG, *Laing*, Glasgow, 1973.

[40] *Libertad, temporalidad y transferencia*, p. 96, donde MARTÍN-SANTOS parafrasea a SARTRE en *L'Être et le néant*, p. 540.

la, Martín-Santos demuestra que Pedro retiene su libertad de conciencia en la cárcel, al hacerle cambiar constantemente de perspectiva con respecto a su falta de libertad. Pedro realmente es libre, pero, al confundir la libertad de elegir «lo que le pasa» con la de elegir «lo que le está aplastando», intenta negar el hecho de que su libertad está gravemente limitada. La evasión de sus limitaciones le conduce a aceptar su prisión: «quiero, sí [...] quiero estar aquí porque quiero lo que ocurre, quiero lo que es» (p. 177). Al final de la novela, cuando Pedro huye de Madrid, también alega que desea su fracaso. Pedro sucumbe a todas las trampas que se le tienden en la novela, porque prefiere negar la existencia de los peligros. En la tertulia en la pensión, finge ignorar la atracción sexual que siente hacia Dorita. Del mismo modo, prefiere no pensar en los motivos que Muecas podría tener para buscarle a él, y no a un médico autorizado. La borrachera de Pedro no le libra de responsabilidad, ya que es un intento por su parte de librarse de ella, al evadirse de sus limitaciones. Martín-Santos sugiere que la irresponsabilidad, que disculpa a Pedro ante la ley, es el mayor delito del hombre.

La misma tendencia evasiva se evidencia en los demás personajes. *Tiempo de silencio* constituye menos la denuncia de una sociedad que suprime la libertad, que la denuncia de una sociedad que confunde libertad con negación. El estilo de vida (o negación de un estilo de vida) de los clientes del Café Gijón está modelado claramente sobre un conocimiento superficial del existencialismo sartriano, ya que confunde la libertad con la vida bohemia parisiense. Los bohemios del Café Gijón se han convencido de que su falta de responsabilidad social significa que se han librado de las presiones sociales, cuando, en realidad, significa que viven en una sociedad que les niega la responsabilidad: «La ciudad, el momento [...] los hacían tales como sin remedio eran (como ellos creían que eran gracias a su propio esfuerzo)» (p. 68). Las clases baja y media recurren al alcohol –y la alta burguesía a la grifa– para persuadirse de que son libres. Martín-Santos ridiculiza los intentos de los personajes de negar su situación. El intento de Matías de colocar su silla encima de la mesa, para demostrar su «libertad espacial», es estúpido (p. 70). La sensación de omnipotencia y omnisciencia producida por el alcohol conduce al vómito (pp. 77-8). También los personajes recurren al sexo, para inducir una falsa apariencia de libertad de los límites espaciales y temporales. El burdel parece estar «carente de fuerza gravitoria», pero la «diosa vencedora del tiempo» de Matías, con su «muslo inmortal», es una vieja grotesca (pp. 86-8). Los madrileños se han convencido de que la vida les ofrece una multiplicidad de posibilidades, pero en realidad sólo tienen la libertad de elegir entre una serie de opciones igualmente negativas (pp. 15-6). El narrador señala que la situación se mejorará sólo cuando los madrileños lleguen a reconocer que su libertad está limitada: «Es preciso ante estas ciudades suspender el juicio [...] hasta que los que ahora ríen tristemente aprendan a mirar cara a cara a un destino mediocre» (p. 15).

Cuando, en su artículo de 1950, Martín-Santos critica a Sartre por su visión negativa de la existencia social, indica su preferencia por el concepto de la libertad profesado por Jaspers[41]. Para éste, el hombre ejerce su libertad no al negar su contexto, sino al encontrarse en una situación límite que le obliga a actuar. Las limitaciones son necesarias, para que el hombre consiga la trascendencia, al superarlas. En su tesis doctoral, Martín-Santos señala el valor del concepto de la situación-límite. También en *Libertad, temporalidad y transferencia*, Martín-Santos se hace eco de Jaspers cuando habla de la «encarnación de la libertad» en las limitaciones[42]. En *Tiempo de silencio*, Matías se alegra de hallarse en una situación crítica que, por primera vez, le obliga a actuar: «La situación límite, el borde del abismo, la decisión decisiva. [...] La crisis a partir de la cual cambia el proyecto del existente. La elección. La libertad encarnada» (p. 159). En la cárcel, Pedro recurre al concepto de la situación-límite, pero lo hace, no para superar sus límites, sino para justificar su no libertad: «Tú enriqueces tu experiencia. Llegas a conocer mejor lo que eres, de lo que eres capaz. Si realmente eres un miedoso» (p. 176). Pedro descubre que, efectivamente, es un miedoso. Al optar por la «vida desnuda», en vez de la «libertad encarnada», Pedro niega sus limitaciones y, por lo tanto, no consigue la trascendencia: «¡Desdichados de los que no servimos para el éxtasis!» (p. 236). Uno de los dos nombres que se dan a la mujer del Muecas es Encarnación: ésta constituye un ejemplo perfecto de la «encarnación de la libertad» en las limitaciones socia-

---

[41] «El psicoanálisis existencial de Jean-Paul Sartre», p. 176.

[42] *Dilthey, Jaspers*, pp. 171-2, 212; y *Libertad, temporalidad y transferencia*, pp. 83-93.

sad faith

les[43]. El narrador señala que la mujer del Muecas está «determinada al dolor y a la miseria por su origen» (p. 202); pero ella logra superar el destino decidido «en su presencia aunque sin su consentimiento» (p. 134), al conseguir el entierro de su hija. Es importante que la mujer del Muecas, al decir «Él no fue» (p. 202), sea la persona responsable de la libertad de Pedro. Con la mujer del Muecas, Martín-Santos demuestra que, por muy grandes que sean, las desventajas sociales no se oponen a la libertad, si el hombre está dispuesto a ejercer su responsabilidad hacia los demás.

Al sugerir que la mala fe puede tomar la forma de la negación, no sólo de la libertad, sino también de las limitaciones, Martín-Santos critica el concepto negativo de la libertad profesado por Sartre, pero subraya la importancia de su concepto de la mala fe. La mala fe ha sido tan importante para la psiquiatría existencial, no sólo porque sugiere que el hombre es víctima del destino únicamente si acepta serlo, sino también porque sugiere que, a pesar de sus intentos de evadir responsabilidad, el hombre no puede suprimir su conciencia de ser responsable. Sartre rechaza el concepto freudiano de lo inconsciente, e insiste en que el hombre siempre es consciente de lo que reprime. La mala fe divide la conciencia en dos voces: una inauténtica y otra auténtica, que aquélla no logra callar. En su artículo de 1950 sobre Sartre, Martín-Santos señala: «En realidad, toda existencia es de mala fe. Pero toda también es auténtica, porque sólo se puede dejar de mirar aquello que está presente. Por tanto, el hombre tiene la angustia, la libertad, la nada presentes en tanto que desvía de ellas sus ojos»[44]. Esta división de la conciencia se ve en *Tiempo de silencio*, con las voces contradictorias de los monólogos interiores. Incluso Cartucho muestra tener conciencia de haber evadido su responsabilidad hacia su ex-amante (pp. 45-7). Los monólogos de la abuela de Dorita demuestran que ella tiene conciencia de que su vida no ha sido tan ejemplar como pretende. Con los dos monólogos de Pedro en la cárcel y al final de la novela, Martín-Santos da una descripción magistral de la multiplicación de voces que caracteriza la mala fe. Aquí también, Mar-

---

[43] El otro nombre que se da es Ricarda. También la madre de Dorita tiene dos nombres: Carmencita y Dora. Esto parece ser un descuido por parte de Martín-Santos.

[44] «El psicoanálisis existencial de Jean-Paul Sartre», pp. 167-8.

tín-Santos señala que se trata de algo más complicado de lo que sugiere Sartre. No se trata de la enajenación del «yo» auténtico por un «tú» inauténtico, sino de la invención de un «tú» culpable por un «yo» que quiere disociarse de aquella parte de sí misma que es responsable de sus actos. Por lo tanto, el «yo» y el «tú» son igualmente culpables. También los dos son conscientes de su culpabilidad: de ahí que, en realidad, haya cuatro voces, y no sólo dos. Esto se ve en el monólogo de Pedro en la cárcel, cuando éste se divide en dos voces, representadas indiferentemente por el «yo» o por el «tú», una de las cuales dice que es inocente, y la otra que es culpable. Ambas voces son, a la vez, auténticas e inauténticas. La voz que dice «Tú no la mataste» (p. 177) por un lado intenta evadir responsabilidad por la muerte de Florita (lo cual es inauténtico); pero, por otro, se rebela contra la acusación injusta de homicidio por aborto (lo cual es auténtico). En cambio, la otra voz que dice «Tú la mataste», por un lado reconoce su responsabilidad (lo cual es auténtico); pero, por otro, justifica el estar en la cárcel (lo cual es inauténtico).

En su monólogo final, Pedro se divide nuevamente en una voz que se declara inocente y otra que se declara culpable. Ambas declaraciones son inauténticas, ya que el Pedro que se cree culpable acepta pasivamente su castigo, y el que se cree inocente echa la culpa a las circunstancias: los dos se declaran víctima del destino. En este caso, el «tú» es totalmente inauténtico, puesto que se reserva para el Pedro que pretende desear su fracaso: pero el «yo» es inauténtico y auténtico, puesto que representa no sólo al Pedro que se conforma con su destino, sino también al Pedro que reconoce que su conformismo es de mala fe. Todos los críticos sugieren que el hecho de que, al final de la novela, Pedro tenga conciencia de que debería protestar, significa que éste alcanza una nueva lucidez que le permite enfrentarse con su situación. Esta opinión no se justifica. De hecho, Pedro no protesta: el saber que debería protestar y, a pesar de ello, seguir sin protestar, agrava su culpabilidad. Si, al final de la novela, Pedro está dividido –como lo estaba en la cárcel– entre la mala fe y la conciencia de la mala fe, aquello no indica que ha alcanzado una nueva lucidez, sino que, por mucho que se refugie en la mala fe, no puede suprimir la conciencia de su responsabilidad. Efectivamente, los esfuerzos de Pedro por suprimir la conciencia, a través de la mala fe, aumentan al final de la novela. Su monólogo en la cárcel termina con un «¡Imbécil!» que le devuelve a la lucidez (p. 180). En cambio, las exclamaciones de su monólogo final interrumpen sus momentos de lucidez para devolverle a la mala fe:

Florecilla le dijo la vieja, florecita la segunda que... ajjj... Me voy, lo pasaré bien (p. 235).
¿Por qué desesperarse si uno sigue amojamándose silenciosamente y las rosas siguen sien... las rosas?... ajjj. Podrás cazar perdices (p. 239).
¡Imbécil! Otra vez estoy pensando y gozo en pensar como si estuviera orgulloso de que lo que pienso son cosas brillantes. ajjj. El sol sigue tan tranquilo entrando en el departamento y allí está el Monasterio (p. 240).

El colmo de la mala fe de Pedro lo constituye su trabalenguas final: «Estoy desesperado de no estar desesperado. Pero podría también no estar desesperado a causa de estar desesperado por no estar desesperado» (p. 240). Esto no indica una nueva lucidez, como lo sugieren los críticos. En primer lugar, Pedro evita la desesperación del fracaso al declararse víctima del destino, para no tener que enfrentarse con su deber de protestar: «es cómodo ser eunuco» (p. 238). Pero el declararse impotente produce una segunda desesperación: de ahí que esté «desesperado de no estar desesperado». Cuando, finalmente, Pedro dice que «podría también no estar desesperado a causa de estar desesperado por no estar desesperado», esto significa que intenta evitar también la segunda desesperación, alegando que es sano sentir angustia y que, por lo tanto, no tiene por qué sentir angustia. El argumento de Pedro se contradice de la manera más obvia: si es sano sentir angustia, no debería negar su desesperación. Los intentos de Pedro de anestesiarse hacen pensar en los monólogos casuísticos de Roquentin, en *La Nausée:*

surtout ne pas bouger, ne pas bouger... Ah! Ce mouvement d'épaules, je n'ai pas pu le retenir [...] si je pouvais m'empêcher de penser! J'essais, ja réussis: il me semble que ma tête s'emplit de fumée... et voilà que ce recommence. «Fumée»... ne pas penser... je ne veux pas penser... Je pense que je ne veux pas penser. Il ne faut pas que je pense que je ne veux pas penser. Parce que c'est encore une pensée. On n'en finira donc jamais?[45]

Pedro tampoco consigue anestesiarse. A pesar de que Pedro no se enfrenta con su situación, el final de la novela es optimista. La imposibilidad de suprimir la angustia significa la imposibilidad de suprimir la libertad.

---

[45] *La Nausée,* pp. 141-2.

Al señalar que el hombre no debe, ni puede, suprimir la angustia de ser libre, Martín-Santos insiste en la necesidad de reconocer lo absurdo. Al igual que Sartre, Martín-Santos recurre al concepto de lo absurdo para mostrar que las teorías deterministas son deficientes, no sólo por negar la libertad humana, sino también por suponer que, si el mundo tiene una explicación lógica, tiene sentido. Para Sartre, el mundo físico no tiene sentido, y por lo tanto es absurdo, precisamente porque es producto del determinismo y no de una intención humana. El sentido se define en términos de fines, y no de causas. De ahí que, para Sartre, la conducta humana nunca sea absurda, ya que siempre es consecuencia de una intención. Al ser libre, el hombre tiene el deber de imponerse a lo absurdo a través de sus actos. Esto lo expresa Martín-Santos en *Libertad, temporalidad y transferencia:* «El acto que da así sentido a la totalidad de la existencia es el que llamamos libre»[46]. En *Tiempo de silencio,* Martín-Santos indica que lo absurdo es el subdesarrollo, por ser consecuencia de factores económicos, y no de una intención humana. Cartucho se halla «adherido al árbol de la vida por donde había brotado, como un clown a través del disco de papel en un circo en que no sabe contar chistes» (p. 119), por no controlar las condiciones materiales de su vida. La muerte de los ratones también es absurda, por ser accidental y no intencional. Pero los actos de los personajes no son absurdos, porque, en todos los casos, aun cuando ellos lo niegan, son consecuencia de una intención. El final de la novela es totalmente inesperado, pero se explica perfectamente en términos de las intenciones de los personajes. Éstos se hacen víctimas de lo absurdo sólo cuando optan por la inacción.

Martín-Santos está de acuerdo con el concepto sartriano de lo absurdo, pero, aquí también, es más optimista que Sartre. Teóricamente, Sartre afirma que es posible imponerse a lo absurdo a través de la acción; pero, en la práctica, sus personajes fracasan en sus intentos de dar sentido al mundo: de ahí su «náusea». Gemma Roberts y Alfonso Rey sugieren que *Tiempo de silencio* refleja la visión sartriana de una existencia humana condenada a lo absurdo[47]. Esto es inexacto. Pedro se ve destruido no por lo absurdo, sino por sus esfuerzos por no reco-

---

[46] *Libertad, temporalidad y transferencia*, p. 73.
[47] G. ROBERTS, *Temas existenciales*, pp. 148-52, 168-74; y A. REY, *Construcción y sentido*, pp. 153-84.

nocer su existencia: «Intentando dar olvido a lo que de absurdo tiene la vida» (p. 92). La verdadera causa de su náusea es su pasividad, que le impide dar sentido a su vida: «Pensando: Soy un cobarde. [...] Temiendo: Nunca llegaré a saber vivir» (p. 92). En *La Nausée*, Sartre censura a los burgueses de Bouville por creer que, si el mundo está regido por una causalidad lógica, tiene un sentido inherente que les excusa de darle sentido a través de sus actos. Roquentin hace observar que esto es una justificación del orden establecido, ya que supone que las cosas se justifican por el hecho de ser lo que son[48]. Pedro no es un Roquentin, que fracasa al intentar dar sentido al mundo; sino un burgués de Bouville, que prefiere creer que el mundo ya tiene sentido y que, por lo tanto, «no hay nada que modificar» (p. 234).

Al igual que los burgueses de Bouville, Pedro intenta explicar lógicamente, no sólo el mundo físico que investiga como científico, sino también su propia conducta. No le importa negar su libertad, al recurrir a las explicaciones deterministas, si, con esto, puede convencerse de que su vida tiene sentido. La policía también explica la conducta humana en términos de una causalidad lógica, puesto que les interesa suprimir la libertad. El policía que interroga a Pedro le convence de su culpabilidad, al enfrentarle con lo absurdo de la versión negativa de los acontecimientos –«No fue usted en la noche del trece [...] No huyó usted» (p. 198)– de modo que la versión afirmativa parece tener sentido, por ser lógica: «Pedro sintió la verdad que demostraban en su perfecta concatenación las circunstancias concordes como los eslabones de una cadena de silogismos» (pp. 198-9). La policía insiste en que debe haber una razón que explique lógicamente la presencia de Pedro en el aborto de Florita: «Usted sabe perfectamente... (lógica, lógica, lógica)»; «Hay una lógica implacable» (p. 195). En la cárcel, la luz eléctrica (símbolo de la claridad artificial) está encendida las veinticuatro horas del día. Carlos Castilla del Pino, en su libro *La culpa*, señala que el concepto legal de la justicia es una forma de lógica moral, según la cual la relación entre motivo, acto y castigo obedece a una causalidad lógica[49]. Es interesante observar que Cartucho –que cree, al igual que la policía, en la lógica del castigo– supone, como ellos, que la persona que

---

[48] *La Nausée*, p. 185.
[49] C. Castilla del Pino, *La culpa*, 2.ª ed., Madrid, 1973, p. 269.

llevó a cabo el aborto tiene que ser responsable del embarazo de Florita, porque tiene que haber una razón para su intervención. Pedro se deja persuadir tan fácilmente por la policía de su culpabilidad, porque la aceptación del castigo, al imponer una lógica a sus actos, parece darles sentido: «gracias al castigo el equilibrio se restablecería en este mundo poco comprensible donde él había estado dando saltos de títere» (p. 199).

Es útil contrastar a Pedro con el protagonista de la novela de Camus, *L'Étranger*[50]. Mersault resiste hasta el final los intentos por parte de la policía de explicar lógicamente su asesinato, lo que les lleva a establecer una falsa relación causal entre su crimen y el no haber llorado en el entierro de su madre[51]. Mersault rechaza el veredicto de «culpable», porque se obstina en enfrentarse con la falta de lógica de su conducta: por eso, consigue mantener su libertad interior. Pedro es una versión negativa de Mersault: cuando la policía le pone en libertad, está tan confuso que, para dar una explicación lógica a su vida, se impone un castigo a sí mismo, al entregarse a Dorita y, finalmente, al abandonar Madrid. Pedro intenta dar sentido al mundo, no a través de sus actos libres, sino al suprimir su libertad: de ahí que se condene a lo absurdo.

En muchos respectos, la visión existencialista de Martín-Santos se aproxima más a la de Camus que a la de Sartre. Al igual que Martín-Santos, Camus critica la abstención, e insiste en que la libertad se manifiesta a través de la solidaridad humana. Los intentos de Pedro de evadir responsabilidad por la muerte de Florita hacen pensar en *La Chute*, cuyo protagonista intenta disculparse de su complicidad pasiva en la muerte de una mujer ahogada. El uso por Martín-Santos de la metáfora del cáncer recuerda *La Peste*, en que la enfermedad simboliza el mal del nazismo. También *Tiempo de silencio* es una versión negativa de *La Peste*, puesto que los madrileños, al evadir su responsabilidad social, no consiguen superar los males del franquismo. A pesar de describir una sociedad que evade su responsabilidad, Martín-Santos –al igual que Camus en *L'Étranger* y *La Peste*– afirma el valor del hombre común. La

---

[50] S. Eoff y J. Schraibman (en su artículo «Dos novelas del absurdo: *L'Étranger* y *Tiempo de silencio*», *Papeles de Son Armadans*, LVI [1970], pp. 213-41) sugieren que *Tiempo de silencio* coincide con *L'Étranger* al mostrar que el hombre no es culpable. Al contrario, Martín-Santos critica a sus personajes por no asumir su culpabilidad.

[51] A. Camus, *L'Étranger*, París, 1957, pp. 108, 155.

mujer del Muecas, que consigue imponerse a lo absurdo, al dar sentido a la vida de los demás, no podría figurar en las novelas misántropas del Sartre existencialista.

La experiencia de la segunda guerra mundial, y sobre todo la experiencia de la militancia política en los años 50, llevaron a Sartre a apreciar la importancia de la responsabilidad social, y a reconocer que la existencia fuera del grupo no significa libertad, sino enajenación[52]. En la *Critique de la raison dialectique*, Sartre ya no habla de la nada esencial del hombre, sino de la escasez que rige la vida del grupo. El objetivo de la existencia humana ya no es la fidelidad a la nada, sino la eliminación de la escasez. Esto se realiza, no a través de la negación de la sociedad por el individuo, sino a través de la acción colectiva. De ahí que, en la *Critique*, Sartre afirme que el hombre tiene que aceptar las limitaciones necesarias al funcionamiento del grupo, puesto que, sin el grupo, la libertad se convierte en impotencia. En *Tiempo de silencio*, Martín-Santos muestra estar de acuerdo con la *Critique*, al señalar que la sociedad española está fundada en la escasez (el subdesarrollo), y que los españoles se han condenado a la impotencia, por preferir el aislamiento individual a la acción colectiva. La novela constituye un análisis crítico del existencialismo sartriano, a la luz de las modificaciones que Sartre hizo en la *Critique* a su pensamiento anterior. La novela es más que una denuncia del franquismo: al igual que la *Critique*, constituye un análisis de los problemas que existen en cualquier sociedad, por ser la vida social una mezcla compleja de libertad y necesidad. Martín-Santos sugiere que la España franquista no difiere de manera intrínseca de cualquier otra sociedad, sino que es una sociedad en que se han agudizado hasta un punto crítico las contradicciones que rigen toda vida social. De este modo, Martín-Santos desmiente el mito franquista de que «España es diferente».

En la *Critique*, Sartre parte de la premisa de la indivisibilidad del individuo y del grupo. Rechaza el determinismo marxista, porque éste niega la libertad humana, al convertir al hombre en producto de la sociedad. Para Sartre, la relación entre hombre y sociedad no es causal, sino recíproca. Por lo

---

[52] Para un análisis crítico de la evolución de Sartre desde una posición individualista hasta una posición comprometida, véase R. ARONSON, *Jean-Paul Sartre: Philosophy in the World,* Londres, 1980, cap. II y III.

tanto, Sartre propone una dialéctica circular, según la cual la relación del individuo con el grupo es, a la vez, pasiva y activa: individuo y grupo se crean el uno al otro. Ni el individuo ni el grupo tiene una existencia independiente: el hombre es la internalización de la sociedad («une extériorité intériorisée»), y ésta la externalización de aquél («l'aspect externe d'une intériorité»)[53]. Sartre muestra cómo, en la vida social, libertad viene a coincidir con necesidad, no por elegir el hombre un destino esencial, sino porque, para desarrollarse, éste depende de la sociedad y, por lo tanto, tiene que comprometerse a mantener el orden establecido que, por otra parte, le oprime. Para Sartre, el marxismo es deficiente, no sólo por negar la libertad humana, sino también por suponer que la dialéctica consiste en el conflicto entre fuerzas opuestas. La dialéctica propuesta por Sartre es circular, puesto que las fuerzas opuestas también convergen: la historia no sigue una línea recta, sino que se mueve en varios sentidos, al obedecer a impulsos centrífugos y centrípetos al mismo tiempo[54].

En *Tiempo de silencio*, Martín-Santos también insiste en la reciprocidad de las fuerzas opuestas que constituyen la vida social. El análisis que hace Pedro de la relación entre don Quijote y su sociedad constituye un ejemplo perfecto de la espiral de impulsos contradictorios que Sartre analiza en la *Critique*. Pedro reflexiona que Cervantes «no es un hombre que pueda comprenderse a partir de la existencia con la que fue hecho» (p. 62): la obra de Cervantes demuestra que éste no sólo estaba definido por las circunstancias de su vida, sino que también fue capaz de imponerse a ellas. La reciprocidad de lo individual y lo social se expresa a través de la alternación de las aventuras de Pedro con las meditaciones del narrador sobre la sociedad española. El análisis de la relación entre el hombre y la ciudad, en particular, constituye una paráfrasis del argumento de Sartre en la *Critique*. El narrador hace observar que individuo y sociedad son dos aspectos de la misma cosa: «la ciudad piensa con su cerebro de mil cabezas repartidas en mil cuerpos aunque unidas por una misma voluntad de poder» (p. 16). El hombre es la internalización de la sociedad, y ésta la externalización de aquél: «un hombre es la imagen de una ciudad y una ciudad las vísceras puestas al revés de un

---

[53] J.-P. SARTRE, *Critique de la raison dialectique*, París, 1960, pp. 495-6.
[54] *Critique*, pp. 60-111 y *passim*.

hombre» (p.16). La sociedad permite e impide al hombre realizarse: «un hombre encuentra en su ciudad no sólo su determinación como persona y su razón de ser, sino también los impedimentos múltiples y los obstáculos invencibles que le impiden llegar a ser» (p. 16). Por lo tanto, el individuo se somete a un «orden» o «esfera radiante» que, por ser la otra cara del bienestar social, constituye una limitación necesaria. No bastan las explicaciones exclusivamente individuales (el amor) o sociales (la explotación): «que un hombre y una ciudad tienen relaciones que no se explican por las personas a las que el hombre ama [...] ni por las personas a las que el hombre explota» (p. 16). El individuo existe para la sociedad, y ésta para aquél: «que el hombre nunca está perdido, porque para eso está la ciudad (para que el hombre no esté nunca perdido)» (p. 17).

Martín-Santos plagia el uso que hace Sartre de la antítesis, para expresar la reciprocidad de los términos opuestos. Las fórmulas «constitué-constituant» o «organisé-organisateur» que aparecen en la *Critique*, se reiteran en *Tiempo de silencio* con las frases «buen pueblo oprimiente-oprimido» (p. 222) o «diablo-sorprendente cojuelo-sorprendido» (p. 219). El teléfono es «receptor-emisor» (p. 8); el cliente del burdel es «víctima-verdugo» (p. 84); Pedro y Dorita hacen el amor «íncubo-sucubinalmente» (p. 16); los ratones están definidos por «su siempre-llevar, siempre-propagar cáncer» (p. 12). Un «movimiento continuo de composición-descomposición» gobierna la formación de los grupos en la recepción para Ortega (p. 135); el frío de las chabolas es «externo-interno» (p. 118). A veces este uso de las antítesis tiene una frivolidad paródica: al pintor alemán se lo traga una «cámara de gas aspirante-impelente» (p. 76); las uñas de una dama en la conferencia de Ortega son «cóncavo-convexas» (p. 132). Pero, con este recurso estilístico, Martín-Santos expresa una idea que es fundamental en la novela. El episodio de la revista musical demuestra que la reciprocidad entre lo interno y lo externo representa la indivisibilidad del individuo y del grupo: Pedro escucha sus risotadas «tanto por el camino externo, aéreo, por el que llegaban anegadas en la comunidad total de la gran carcajada colectiva, cuanto a través de sus propios huesos, a través del cráneo duro y de la masa encefálica» (p. 225). La insistencia de Sartre en la reciprocidad se convierte, en *Tiempo de silencio,* en el tema de la complicidad.

Según la *Critique*, la reciprocidad de la vida social está fundada en el voto de adhesión al grupo que hace el individuo. Para Sartre, este voto constituye «une libre volonté qui s'est fait librement non libre de refuser»[55]. La tendencia de Pedro de considerar como un «deber» las demandas ajenas, es más que un problema de mala fe. Sartre hace notar que la aceptación libre de las limitaciones sociales crea una confusión entre «derecho» y «deber»: el derecho del individuo al bienestar social se convierte en su deber de adherirse al grupo para prolongar su existencia. Los sacrificios que el individuo hace para el grupo le son pagados con el bienestar, pero el bienestar que el grupo da al individuo tiene que ser pagado con más sacrificios[56]. Del mismo modo, en *Tiempo de silencio*, la sociedad beneficia y oprime al individuo al mismo tiempo. La manzana que profiere Ortega constituye un símbolo del premio que la autoridad ofrece al individuo, para que éste se someta libremente. El macho cabrío es benévolo y malévolo: «Das tu pezuña izquierda con gesto dadivoso pero amagas con la derecha, buco» (p. 129). La pensión es «protectora y oprimente» (p. 35). Doña Luisa acoge a Pedro como «su prenda y su rehén valioso» (p. 154). A la mujer del Muecas la ciudad «la protege, la hace, la amamanta, la destruye» (p. 202). La cárcel ofrece a Cartucho «una sombra alimenticia y descansadora» (p. 120), a costa de su libertad. El policía más amable es el que convence a Pedro de que acepte el castigo (p. 169). En la verbena municipal, la felicidad se permite sólo dentro de un «recinto acotado», y el derecho a la libertad sexual se convierte en deber: «ordenan el estrujarse de las parejas» (pp. 226-7). Las instituciones sociales que existen para el bien del individuo (cárcel, orfelinato, comisaría, manicomio, hospital) también sirven para organizar su vida según un esquema prescrito: «mil, diez mil, cien mil pares de ojos lo clasifican y disponen, lo reconocen y abrazan, lo identifican y salvan» (p. 17). Tanto en el burdel (placer) como en la cárcel (castigo), la sociedad clasifica a Pedro, al darle un número. La confusión entre clasificar al individuo y atender a sus necesidades, se ejemplifica de manera brutal con el entierro vertical de Florita en el cementerio municipal. Para gozar las ventajas de la vida social, el individuo tiene que respetar los parámetros dictados por el grupo. La individualidad constituye un crimen («perderse»). Ortega decía

---

[55] *Critique*, pp. 488-9.
[56] *Critique*, pp. 463-4.

que al hombre le caracteriza su capacidad de «perderse»; Mar-tín-Santos señala que la sociedad es un «recogeperdidos», que no deja al hombre perderse[57]. Para la policía, el delito princi-pal de Pedro es el no firmar «el certificado que debe permitir que cada cosa quede en su sitio» (p. 119). La sociedad le cas-tiga por meterse en un lugar (las chabolas) que no le corres-ponde.

La imagen que Martín-Santos aplica reiteradamente a la so-ciedad es la del pulpo. Esta imagen funciona como símbolo de la viscosidad, no tanto en el sentido de la náusea existencial, como lo sugiere Gemma Roberts, como en el sentido del «ca-lor adhesivo» (p. 68) que da vida a los ratones, pero los ali-menta para ser objeto de laboratorio[58]. También Pedro es ob-jeto de laboratorio para los demás: «pendiente de una bolsita en el cuello recalentador de la ciudad» (p. 99). La ciudad le da calor para obligarle a la obediencia: «hasta que caiga sobre mí la orden del presidente y me coloque frente a mis obligacio-nes ineludibles y [...] consiga que toda permanezca en los me-jores parabienes y regulaciones instituidas, para bien del hom-bre y de los pueblos» (p. 99). El derecho que tiene Pedro a «comer la manzana» (Dorita) es la otra cara de su deber de ca-sarse con ella (dejarse devorar). La otra imagen que se aplica a la sociedad es la del estómago. La doble naturaleza benéfico-opresiva de la vida social se ve claramente al entrar Pedro en el Café Gijón: «la naturaleza adherente del octopus» le aprisio-na al abrazarle: «Ya está incorporado a una comunidad de la que, a pesar de todo, forma parte y de la que no podrá·desha-cese con facilidad». Este párrafo es importante, por indicar ex-presamente que la vida social es positiva además de negativa. La última frase señala que la aceptación de las limitaciones so-ciales es la condición previa de todo existir: «Al entrar allí, la ciudad –con una de sus conciencias más agudas– de él ha to-mado nota: existe» (p. 65).

Según la *Critique*, la sociedad consiste no sólo en grupos, sino más bien en una interrelación compleja de grupos y de lo que Sartre denomina «colectividades» o «series». La «serie» se diferencia del grupo, por no obedecer a un proceso dialéctico. La serie es totalmente inerte, sostenida no por su estructura interna, sino por el grupo externo del cual depende. La serie

---

[57] J. ORTEGA Y GASSET, *El hombre y la gente*, Madrid, 1972, p. 38.
[58] G. ROBERTS, *Temas existenciales*, pp. 168-74.

constituye un conjunto de individuos aislados, que se yuxtaponen sin relacionarse. El más famoso ejemplo dado por Sartre es el de la cola de autobús, que no tiene más razón de ser que el sistema de transportes públicos, que no controla. El grupo es una mezcla ambigua de dependencia y autonomía; la serie tiene la apariencia de ser autónoma, por estar fuera del grupo, pero en realidad su aislamiento indica su dependencia total del grupo. El miembro del grupo retiene cierta libertad, ya que elige voluntariamente someterse a sus leyes; la serie acepta la fuerza ajena de que depende, porque no hay alternativa. Sartre sugiere que la serie suele creerse libre, porque no quiere reconocer su dependencia[59]. El análisis que hace Sartre, en la *Critique*, de la libertad ilusoria de la serie coincide con el análisis que hace Martín-Santos, en *Tiempo de silencio*, de la mala fe de negar las limitaciones.

Un ejemplo perfecto de la serie sartriana lo constituyen las chabolas. Éstas se describen –de acuerdo con la terminología sartriana– como una «colectividad extraciudadana» (p. 103). Están fuera de la ciudad, pero totalmente dependientes de ella: «Así, los habitantes de aquel poblado veían a lo lejos alzarse construcciones de un mundo distinto del que ellos eran excrecencias y parásitos al mismo tiempo. Una dualidad esencial les impedía integrarse como colaboradores o siervos en la gran empresa. Sólo podían vivir de lo que la ciudad arroja» (p. 58). Muecas es realmente un «veterano de la frontera» (p. 58), al margen de la sociedad, pero, sin embargo, dependiente de ella. Sartre señala que el grupo utiliza la serie, contratándola para hacer las tareas que no desea hacer él mismo. Este contrato entre el grupo omnipotente y la serie impotente beneficia a los dos, pero a costa de la dependencia total de la serie[60]. En la novela, la ciudad ha firmado un contrato con las chabolas para el uso de la basura y los terrenos baldíos; pero dicho contrato no concede ningún derecho a las chabolas, que serán destruidas cuando la ciudad decida vender los terrenos (pp. 48, 57). Cuando al Muecas se le califica de «empresario libre que hace negocios contractuales con una auténtica y legal institución científica de la vecina ciudad» (p. 58), la referencia es irónica sólo en el sentido de que un contrato así no tiene nada de libre.

---

[59] *Critique*, pp. 306-77.
[60] *Critique*, pp. 553-5.

En la *Critique*, Sartre hace notar que la serie existe, no sólo fuera del grupo, sino también dentro de él. Del mismo modo, en *Tiempo de silencio*, los elementos *lumpen* –los traficantes de droga, los vagos, los novilleros, etc.– están incluidos en la «esfera radiante» de la ciudad, pero, como toda serie, son dependientes del trabajo a jornal (p. 16). La cosmogonía del Cine Barceló constituye una estructura piramidal, apoyada en un «talo germinal sobre la que el resto de las esferas navegan y son alimentadas» (p. 132): las clases alta y media se sirven de las criadas que ocupan el sótano, a costa de la dependencia de éstas. El público del baile de criadas constituye una serie, por vivir una libertad ilusoria (el placer de la diversión), sin ver que son dependientes del público que asiste a la conferencia en el piso superior: «la profusión de lujosos automóviles a la puerta de un cine de baja estofa, sólo le hacía experimentar las nuevas dificultades para el cruce de la calzada y no extraía de ellas ninguna valorización eficaz del momento histórico» (p. 132). También el público que asiste a la revista musical y a la verbena municipal constituye una serie que existe dentro de la ciudad. El otro ejemplo de la serie que da Sartre es el del público de un programa de radio, dependiente de la diversión común, que le da una ilusión de autonomía a través del placer. Sartre señala que el humor de la serie está transmitido desde fuera por un proceso de contagio: en *Tiempo de silencio*, el público de la revista musical sucumbe a la risa contagiosa, y el de la verbena sucumbe a la «fiebre del obsequio» (p. 231). La cola formada por Matías-Amador-Cartucho-Similiano –que en un momento dado sube a un tranvía– posiblemente constituye una versión humorística de la cola de autobús sartriana. Cada miembro de la cola ignora a la persona que le sigue, e intenta no ser visto por la persona que va delante. Del mismo modo, la cola de clientes en el burdel está unida por «cierta camaradería vergonzante expresada más en el no mirarse a los ojos» (p. 82). La descripción que más se acerca a la de un auténtico grupo dedicado al bien común es la del Instituto, que se basa (teóricamente) en el trabajo en equipo (p. 206). Aquí el sarcasmo es evidente. La falta de auténticos grupos no significa que la sociedad madrileña consista exclusivamente en un conjunto de series, porque la serie no puede existir sin un grupo de que depender. Más bien significa que los grupos que constituyen la sociedad madrileña son unos grupos degradados, a punto de recaer en la serialidad.

En la *Critique,* Sartre muestra cómo la dialéctica circular de la vida social consiste en el movimiento desde la serie al grupo, y desde éste a aquélla. Para Sartre, la serie representa la inercia. El grupo se establece como una defensa contra la inercia de la serie, pero también lo amenaza una inercia interna, que nace del voto de adhesión al grupo. La decisión de mantener el orden establecido crea la institución, que conduce a la «petrificación» del grupo. Sartre muestra cómo los intentos de reanimar el grupo mediante el compromiso renovado sólo sirven para aumentar la petrificación, al reforzar el orden establecido. Al institucionalizarse el grupo, se pierde la reciprocidad entre sus miembros, ya que aparece una división entre los que mandan y los que obedecen. Sartre compara esta división a la que existe entre una máquina y sus usuarios, haciendo notar que el símbolo predilecto de los regímenes autoritarios es la herramienta (el ejemplo que aparece en la *Critique* es el del martillo y la hoz, pero podría igualmente ser el yugo y flechas)[61]. Ahora el poder empieza a ser experimentado por el resto del grupo como una fuerza externa: de ahí que éstos amenacen con convertirse en una serie. La importancia del análisis sartriano del autoritarismo radica en su insistencia en que las jerarquías verticales no son impuestas desde arriba por una minoría, sino que son la externalización del deseo de permanencia del grupo entero. Este deseo de permanencia Sartre lo denomina el deseo de «esencialidad». Sartre hace notar que los regímenes autoritarios existen, no para suprimir la libertad, sino para luchar contra la inercia que amenaza la permanencia del grupo. Pero son contraproducentes, ya que, al reforzar el orden establecido, aumentan la inercia y, con ella, el peligro de disolución[62].

Tiempo de silencio describe una sociedad autoritaria, cuyo problema principal es la inercia. Los madrileños eligen libremente convertir a otros ciudadanos en figuras autoritarias, para compensar su propia inercia, pero, con esto, sólo aumentan la inercia del grupo. La sociedad franquista se ha convertido en una máquina que no permite, ni siquiera requiere, la participación del individuo: «Las ruedas de la máquina giran solas. No hay nada que hacer» (p. 192). Pedro y Matías «ocupaban unas ciertas casillas como tornillos o como piezas metáli-

---

[61] *Critique,* pp. 549, 585.
[62] *Critique,* pp. 553-608.

cas de máquinas aunque renqueantes nunca del todo inmovilizadas» (p. 77). La petrificación de esta sociedad condena al individuo a la impotencia y al aislamiento de la serie. La trayectoria de Pedro obedece a la dialéctica circular sartriana: se incorpora a la ciudad para escapar al «desierto circundante» (p. 16), pero su conformismo al grupo agrava su inercia hasta que, al final de la novela, vuelve a la piedra inerte de la vida extraciudadana. Hay que subrayar que Pedro es expulsado del grupo, no por ser rebelde, sino por ser conformista. Su nombre simboliza la petrificación de una sociedad inerte. El símbolo final del Escorial –descrito como un animal inerte– sugiere que el verdadero significado de los «valores eternos» propugnados por el franquismo, es la búsqueda de la permanencia a costa de la petrificación.

Para Sartre en la *Critique*, inercia significa enajenación. Gemma Roberts sugiere que la enajenación es el principal tema social de la novela. Según ella, Pedro está enajenado por la sociedad, que le impone una conducta inauténtica[63]. Espero haber demostrado que Pedro elige libremente comportarse de una manera inauténtica. Los personajes de la novela sí están enajenados por la sociedad, pero en el sentido de ser dependientes de ella. En la *Critique*, Sartre sugiere que la vida social enajena al individuo, puesto que, al no poder ser independiente, éste está incluido en el grupo, pero también está excluido de él, ya que sólo se puede ser dependiente de un ente externo[64]. En *Tiempo de silencio*, cuando Pedro se queja de que «siempre me quedaré al margen» (p. 92), indica que se siente aislado, no por estar fuera del grupo, sino por haber sido devorado por él. Matías experimenta la misma sensación de aislamiento en el centro mismo de Madrid (p. 190). En cambio, los habitantes de las chabolas están enajenados porque, a pesar de estar fuera del grupo, su dependencia les impide ser independientes: «que el hombre –aquí– ya no es de pueblo [...] que cualquiera diría que eres de pueblo y que más valía que nunca hubieras venido del pueblo porque eres como de pueblo, hombre» (p. 17). La dependencia que relaciona a los nuevos inmigrantes con la ciudad, les incluye y excluye a la vez.

Para Sartre, la enajenación nace de las inevitables contradicciones de la vida social, no sólo porque dependencia signifi-

---

63 G. Roberts, *Temas existenciales*, p. 148.
64 *Critique*, p. 573.

ca inclusión y exclusión al mismo tiempo, sino también porque los actos humanos son contraproducentes. Sartre critica al marxismo por no reconocer este tipo de enajenación[65]. La dialéctica circular sartriana constituye un círculo vicioso. Cuanto más enajenado se siente el individuo, tanto más poder delega a la autoridad para compensar su impotencia, con lo cual se enajena todavía más. Con esto, Sartre no sugiere que el autoritarismo es inevitable, porque la autoridad es susceptible al mismo círculo vicioso: los intentos de ésta de asegurar su posición mediante la enajenación del individuo, sólo consiguen precipitar la disolución del grupo, al hacerle volver a la inercia de la serie. Sartre muestra cómo la enajenación depende de la complicidad entre el individuo y la autoridad, puesto que es consecuencia de los esfuerzos de ambos por conservar el grupo. La autoridad no enajena al individuo, sino que le alienta a autoenajenarse. Para que el individuo tenga la impresión de controlar su vida, la autoridad también estimula la vida privada. Al mismo tiempo, para que el individuo tenga la ilusión de pertenecer a una auténtica comunidad, la autoridad fomenta la experiencia en masa. El análisis de la enajenación que lleva a cabo Sartre en la *Critique*, muestra cómo una contradicción lleva a otra, en una cadena interminable. El sentirse solo entre la muchedumbre –tal como lo experimenta Matías en la calle de la Montera, y Pedro en la recepción para Ortega– es la forma más compleja de la enajenación: una doble ilusión de individualidad y comunidad. En realidad, el individuo ni es independiente, ni participa en el grupo. En la *Critique*, Sartre describe dos formas de enajenación que dependen de la complicidad entre autoridad e individuo: la primera la llama «sacralisation»; la segunda es el consumismo. Ambas formas aparecen en *Tiempo de silencio*.

Varios críticos han destacado el uso en la novela de una terminología religiosa. Martín-Santos dijo en una ocasión que la religión no le interesaba en absoluto[66]. Las referencias religiosas aluden más bien al tema sartriano de la «sacralisation». La analogía que establece Sartre entre el autoritarismo y el culto religioso es especialmente sugestiva en el caso de España, donde tradicionalmente se ha hablado del autoritarismo en

---

[65] *Critique*, pp. 281-2.
[66] J. W. DÍAZ, «Luis Martín-Santos and the Contemporary Spanish Novel», p. 237.

términos mesiánicos. Sartre hace notar que el grupo se institucionaliza al consagrar las convenciones que rigen la vida social. Con esto, la autoridad pasa a ocupar un lugar sagrado, que el individuo acepta venerar. Lo importante de esta adoración religiosa es que se da libremente[67]. En *Tiempo de silencio*, el silencio reverencial de los clientes del burdel no constituye la celebración de un rito de iniciación, como lo pretenden irónicamente el narrador y Matías, sino su sumisión a las reglas del establecimiento. Las «sacerdotisas» (p. 85) lo son por institucionalizar las relaciones personales. Es lógico que también se califique de «diosas» a las mujeres de la pensión, que, en el «rito de la tertulia» (p. 37), hacen la comedia de respetar las convenciones sociales (como si fueran personajes de una novela galdosiana, Pedro las lleva al teatro). Pedro adopta hacia ellas la reverencia debida. En el transcurso de la novela, Pedro se encuentra con una serie de «divinidades», cuyo prestigio (salvo en el caso de la policía) no corresponde a un poder real, sino al otorgado por éste, al tratarles con un respeto religioso. El cuadro de Goya, en que las «masas inermes» se postran ante la figura omnipotente del macho cabrío, se convierte en alegoría de la consagración del poder que instituye el autoritarismo.

Sartre hace notar que la autoridad recurre a la manipulación ideológica del individuo, no para reprimirle, sino para ganar su adhesión[68]. En la novela, los personajes que gozan de una posición privilegiada tratan a las «masas» con una mezcla de desprecio y halago. Pedro siente que la alta burguesía constituye «un reducto de seres de otra especie que hacia él se muestran benévolos y complacientes y que le ayudarían a ir subiendo los peldaños de una escalera muy larga pero no insalvable» (p. 139). La sociedad franquista, según Martín-Santos, no se basa en la represión directa, sino en la concesión de favores desde arriba, de modo que la magnanimidad del que da confirma la inferioridad del que recibe. Las popularizaciones filosóficas de Ortega –«condescendiente», «dispuesto a bajarse hasta el nivel necesario» (p. 133)– sirven para confirmar la estupidez del público. La policía y el Director del Instituto tratan a Pedro como a un niño. Este autoritarismo paternalista es tan degradante, porque obliga al individuo favoreci-

---

[67] *Critique*, pp. 457-8.
[68] *Critique*, p. 613.

do a agradecer su posición inferior. El análisis que hace Sartre en la *Critique* de los métodos usados por la autoridad para conseguir la sumisión voluntaria del individuo, coincide con el análisis de la sociedad de consumo llevado a cabo, en los años 50, por los sociólogos norteamericanos. La originalidad de Sartre consiste en insistir en que la manipulación ideológica que caracteriza el consumismo es obra de una autoridad que ya ha sido consagrada por el individuo, el cual colabora en su propia enajenación.

Según Sartre, el objetivo de la ideología consumista consiste en estimular en el individuo demandas artificiales, que le hacen depender innecesariamente de los que le ofrecen placer. Esta dependencia artificial enajena al hombre de sus necesidades reales, aumentando su miedo a la inseguridad y, al mismo tiempo, ofreciéndole la ilusión de la libertad, al permitirle elegir el objeto de consumo. La ideología consumista incita al individuo a confundir la libertad con la vida privada, y la participación con el consumismo en masa[69]. En *Tiempo de silencio*, la paradoja de una sociedad que favorece la experiencia privada a la vez que el consumo masivo de placer se ve en el burdel, la revista musical y la verbena municipal. A los clientes del burdel les hacen creer que las prostitutas están allí para atender a sus deseos personales, pero también se ven obligados a hacer la cola con los demás. En la revista musical, Dora y su madre se olvidan de la presencia de Pedro, arrebatadas por lo que les parece ser una relación personal con los actores. Pero su arrebato forma parte de la enajenación colectiva del público, como lo descubre Pedro al encontrarse participando en la risa general (pp. 221-5). En la verbena, Pedro y Dorita creen que su felicidad es una experiencia íntima −«así, embelesados como estaban, llegaban a creer que su fenómeno era puramente privado»− pero sólo es una respuesta al «permiso para divertirse», compartido con «todo el sacrosanto pueblo» (pp. 228-9). La represión sexual de la sociedad española, que evidentemente afecta a Pedro, inhibe las relaciones íntimas: la intimidad se permite sólo en público. La estimulación de esta «intimidad pública» llega hasta la tolerancia oficial de lo casi pornográfico, con los chistes verdes de la revista musical, contra los cuales «nada puede ni quiere el severísimo censor» (p. 223); y con la licencia concedida al burdel, cuyo

---

[69] *Critique*, pp. 615-31.

funcionamiento se ve favorecido por la provisión, por parte del municipio, de faroles y serenos adicionales (p. 64). Es lógico que la misma censura que autorizaba los burdeles prohibiera, en la primera edición de *Tiempo de silencio*, la lectura privada de los episodios situados en el burdel.

La libertad ilusoria de la sociedad madrileña en la novela, la fomentan unas instituciones aparentemente dedicadas a la fabricación del placer, pero en realidad «regidores y manufactureros de la angustia» (p. 168). La cárcel, tanto como el burdel o la verbena, se afana por persuadir al individuo de que se preocupa por su bienestar personal, no sólo con el diseño cuidadoso de su cama de cemento –que le permite la libertad ilusoria de elegir entre ponerse de pie, sentarse o acostarse (p. 178)–, sino también con las puertas que se abren «como si no estuvieran fabricados de un apenas oxidado hierro, sino de alguna materia fluída y deformable» (p. 167), los «guardias maternales» que atienden a toda necesidad del preso «siempre que no fuera más que una cerilla encendida o ir a orinar» (pp. 183-4), y el camarero de chaqueta blanca que sirve una cerveza al preso antes de ser interrogado (p. 195). Todo está dispuesto para disimular la opresión: desde la máscara benévola de Similiano hasta el cerrojo común y corriente que cierra la celda. Es apropiado que el policía que libera a Pedro le aconseje divertirse (p. 204). La libertad concedida a Pedro de divertirse es (para citar la descripción que hace Castilla del Pino de la seudolibertad del consumismo) «una libertad consentida, no conquistada, y, en consecuencia, en riesgo siempre de constituirse por sí misma en una forma de alienación y de sumisión final al sistema que la hace posible»[70]. Al principio de la novela, la libertad de Pedro era un derecho. Después de su liberación, se convierte en un favor. Al poner en libertad a Pedro, la autoridad prepara su capitulación final. Es lógico que Pedro, al recibir su nueva libertad consentida, se refugie directamente en los brazos de Dorita, que le ofrecen placer.

La sociedad de *Tiempo de silencio* se deja manipular tan fácilmente, porque tiene hambre. Cree equivocadamente que la ideología del consumo, que le ofrece su sociedad, promete el placer; pero «el brío del deseo» indica sólo «la escasez de la satisfacción» (p. 17). El narrador señala que el abastecimiento que la ciudad hace de comida, ropa y diversiones es una for-

---

[70] C. Castilla del Pino, *Psicoanálisis y marxismo*, Madrid, 1974, p. 147.

ma encubierta de explotación (p. 16). El individuo llega a esperar que la satisfacción le llegue desde fuera: el placer deja de ser activo y se convierte en consumo pasivo. Los madrileños están proyectados «sin pasión pero con concupiscencia hacia el futuro» (p. 14). En su viaje a las chabolas, Pedro mira los escaparates donde «allí podía ser todo deseado» (p. 30), sin reflexionar que los objetos expuestos son fruslerías sin valor. Matías entiende mejor cómo la sociedad estimula el deseo pero frustra la satisfacción, cuando contempla los objetos de lujo en las tiendas de la calle de la Montera; «sólo separadas físicamente de los semovientes por frías lunas invisibles tan sólidas como paredes de ladrillo o cámaras acorazadas»; «a un centímetro escaso del espacio público, pero tan exentos como si no fueran ellos mismos sino sus ideas puras nunca alcanzables en el borde de la platónica caverna» (p. 190). Este concepto del arquetipo platónico, símbolo del deseo inalcanzable, aparece también con el ideal femenino fomentado por la sociedad. El burdel y la revista musical concurren con Dorita, al tratar de aproximarse al «interno arquetipo al que el espíritu incansable busca coincidencia», porque saben que un ideal platónico sólo se adora desde lejos (pp. 95, 165, 220-1). La sociedad favorece la imagen femenina de la sirena –mencionada explícitamente en relación con el burdel, la cárcel y Dorita, e implícitamente con la bailarina de la revista musical, vestida de «escamas de pez» (p. 221)– por ser ésta una mezcla ambigua de provocación y frustración. En la cárcel, Pedro hace notar que la cola de la sirena «son dos muslos cerrados, apretados» (p. 177). La sirena es la manzana tentadora de una sociedad que estimula el deseo para frustrar la satisfacción.

La sociedad de *Tiempo de silencio* se funda, no sólo en el hambre real de los años de la posguerra, sino también en el deseo artificialmente fomentado. Ofrece al pueblo la promesa del paraíso («Comed de esta fruta y seréis como dioses» [p. 140]), para engañarle con la ilusión de ser libre. Incluso en las chabolas, Muecas hace parir a los ratones, al provocarlos con la visión efímera de un lujo que, una vez cumplida su función afrodisíaca, desaparece (pp. 55-6). Todos los personajes tratan de exacerbar los deseos de Pedro –por los ratones y por Dorita– a fin de conseguir de él lo que quieren. El caso más claro de esta estimulación del deseo, cuyo objetivo es el conformismo, lo constituye la revista musical. El guión, escrito por «los que tan acertadamente saben interpretar el alma colectiva de las muchedumbres», constituye un ejemplo grotesco de los favores que reciben los que consienten a su seducción («la hija tan simpática cuanto violada») o a su humillación (el criado que tolera «el escarnio, el bofetón, la risa y la humillante patada») (pp. 222-4). La falsa identificación del público con el pícaro o la hija del pueblo –«como ellos, casi igual que ellos»– le lleva a ser cómplice: «el buen pueblo olvida sus enajenaciones y, conmovida en las fibras más íntimas de un orgullo condescendiente, admite en voz baja –pero sincerísima– que vivan-las-caenas» (p. 222). Así se sublima hasta el complejo de inferioridad nacional, sin pensar en que el hecho de que Napoleón III se casara con una española, indica el papel de dependencia femenina de España con respecto a Francia (p. 223). La capitulación del público –manifestada a través de la risa– se disfraza de placer. El público se ríe de su propia degradación, al unísono del guardia civil y del policía de la secreta. De esta risa cómplice al conformismo del tiempo de silencio, hay sólo un paso. La sociedad franquista demuestra su preocupación por el individuo, al castrarle de manera agradable: «no sólo no se grita, sino que ni siquiera se siente dolor» (p. 237). Castilla del Pino describe la estimulación del consumo como «tóxico sabiamente administrado y placenteramente tomado para anestesiar la conciencia de no libertad en que se está»[71]. Es apropiado que Dorita encuentre la muerte en el momento en que Pedro va a satisfacer la «pasión de consumo» de ambos (p. 232). El «hombre vestido de blanco», que ofrece los churros a un público ávido es la sonriente contrapartida de Cartucho, el «hombre vestido de negro», que representa la realidad encubierta de la frustración (pp. 231-2).

Hay que preguntarse por qué Martín-Santos eligió analizar la España de 1949 en términos de una sociedad de consumo, que distaba de ser. Podría ser que Martín-Santos aplica anacrónicamente a la España de los «años del hambre» unos criterios más apropiados a la España de 1961, cuando escribía la novela. Sin embargo, Dionisio Ridruejo habla de la España de la inmediata posguerra en términos parecidos. Al igual que Martín-Santos, Ridruejo insiste en que el régimen franquista se mantuvo en el poder, no sólo mediante la represión, sino a causa del conformismo de la mayoría de la población. Ridrue-

---

[71] C. CASTILLA DEL PINO, *Dialéctica de la persona, dialéctica de la situación*, p. 90.

jo hace notar que la España franquista difería de modo importante de los regímenes fascistas de Alemania o de Italia, por
no intentar movilizar políticamente a las masas. Según Ridruejo, el éxito del franquismo consistió en haber limitado al individuo al «ámbito de su propia vida privada, sin otros intereses
ni horizontes». Ridruejo sugiere que la valorización de la vida
privada bajo Franco, indica que la España franquista tenía tanto o más de sociedad de consumo que de fascista. Por sociedad fascista, Ridruejo entiende una sociedad que niega al individuo la libertad de acción, pero que compensa esto al dar un
sentido político a su intimidad. Por sociedad de consumo, Ridruejo entiende una sociedad que permite la libertad individual, pero a costa de crear una disociación entre la vida pública y la vida privada. Tal sistema funciona sólo si hay suficiente
prosperidad para satisfacer la demanda privada. Según Ridruejo, la España franquista tenía las desventajas de los dos
sistemas, sin tener las ventajas de ninguno, ya que estaba caracterizada por la falta de libertad y, a la vez, por la disociación entre vida pública y vida privada. Ridruejo acusa al pueblo español de haber renunciado libremente a sus derechos
civiles, a cambio de poder refugiarse en los placeres de la vida
privada. Pero, según Ridruejo hace observar, la ideología del
consumo no podía funcionar en España, al faltar la riqueza material para satisfacer la demanda privada. Ridruejo sitúa el punto máximo de este «estado de despolitización, desertización o
envilecimiento de la vida civil» en los años 1948-51: la época en
que se sitúa *Tiempo de silencio*. A partir de aquella fecha, el régimen había de promover el desarrollo capitalista, para estabili-
zar la demanda que antes había creado artificialmente[72]. El
análisis de Ridruejo sugiere que la evolución del franquismo
hacia el capitalismo estaba prescrita desde el principio. *Tiempo
de silencio* apoya esta tesis. La novela no describe la auténtica
sociedad de consumo que aparecería en España después de
1959, con el «boom» económico, sino una sociedad en que la
ideología consumista coincide con el subdesarrollo, estimulan-
do una demanda que luego frustra. Es una sociedad basada en
el deseo –«allí podía ser todo deseado»– pero nada más.

Esta tesis, según la cual el deseo constituye el impulso que
compromete al individuo con la sociedad, se representa simbólicamente en la novela mediante el compromiso amoroso

---

[72] D. RIDRUEJO, *Escrito en España*, pp. 90-2.

de Pedro con Dorita. La castración final de Pedro es más que el castigo de su complicidad en el aborto de Florita; también es el precio que paga por poseer a Dorita. Dorita es la sirena tentadora pero inalcanzable, el objeto de consumo («un bombón» [pp. 79, 161]), expuesta en su vitrina virginal: una invitación a tocar y no tocar al mismo tiempo. La seducción de Dorita por Pedro (o más bien: de Pedro por Dorita) constituye una alegoría de la tentación del individuo por, y su capitulación ante, la sociedad. La imagen del pulpo se aplica a la sociedad y a Dorita. Ésta representa un «pulpo amoroso» (p. 98), cuyas caricias consiguen que Pedro experimente su pérdida de libertad como el regalo del placer. Al describir la pensión como «una familia protectora y oprimente», Martín-Santos la convierte en el símbolo de una sociedad que, con su «pantomima negociante» (p. 36), parece vender algo a Pedro, cuando en realidad compra su mano de obra. Pedro consigue a Dorita, pero la promesa que ella representa, al balancearse en su mecedora, permanece inalcanzable: «la apariencia de una sustancia que así entregada sólo promesa era» (p. 38). La naturaleza económica de la transacción se disimula: es una «caza», y no una «venta» o un «alquiler» (p. 97), porque a Pedro no hace falta ofrecerle más que una promesa, para que se comprometa. Dorita es el ejemplo perfecto de la «hija tan simpática cuanto violada» de la revista musical, que se deja seducir para obtener acceso a un rango social superior. Es irónico que Pedro, inmovilizado entre Dorita y su madre, ignore que la revista musical constituye una imagen de su propia enajenación a través del amor: «El amor del pueblo, para quienes lo quieren y comprenden, es amor no comprado, no mercantilizado, sino simplemente arrebatado, como corresponde, amor de buena ley: no es amor prostituido, sino amor matrimoniable» (p. 222). Al igual que Sartre en la *Critique*, Martín-Santos sugiere que el autoritarismo no se instituye para suprimir la libertad, sino para conquistar el amor del pueblo. El tema erótico en *Tiempo de silencio* es una metáfora social: la sociedad representa la institucionalización del amor, que lleva al individuo a enajenarse libremente. El concepto marxista de la lucha de clases es totalmente inapropiado a la novela[73]. La imagen

---

[73] Alfonso REY (en *Construcción y sentido*, p. 199) afirma lo siguiente: «no parece que, desde *La Regenta*, se haya escrito en España una novela que exprese tan claramente la lucha de clases». Esto es totalmente erróneo, tanto con respecto a *La Regenta*, como a *Tiempo de silencio*.

que usa Martín-Santos para representar la relación entre sociedad e individuo es la del abrazo.

La relación simbólica entre Dorita y Florita, con la similaridad de sus nombres, se explica en términos de este análisis de una sociedad basada en el deseo y la frustración. La muerte de Florita en un aborto representa la otra cara de la falsa promesa de placer representada por Dorita. La venganza de Cartucho, que concluye la novela, consiste en interrumpir la fiesta, al destruir el objeto de consumo más codiciado. Dorita y Florita –al igual que el «hombre vestido de blanco» y el «hombre vestido de negro» –constituyen las dos caras de una sociedad basada simultáneamente en la ideología consumista y el subdesarrollo.

Hay que destacar que, aunque Sartre habla en la *Critique* de la relación de amor que une al individuo con el grupo, no usa los términos «deseo» y «frustración» que aparecen en *Tiempo de silencio*. Sartre prefiere hablar de «demanda» y «escasez», porque le interesa la necesidad histórica objetiva. Al igual que Sartre, Martín-Santos subraya el problema objetivo de la escasez, pero, por ser psiquiatra, le interesan más las actitudes subjetivas del individuo hacia el mundo exterior. *Tiempo de silencio* coincide con el análisis sartriano de la relación recíproca entre el individuo y el grupo; pero la terminología que predomina en la novela es la psicoanalítica. La obra psiquiátrica primordial de Martín-Santos, *Libertad, temporalidad y transferencia*, intenta reconciliar a Sartre con Freud, no sólo al amalgamar la psiquiatría existencial con el psicoanálisis, sino también al esbozar una descripción del proceso psicoanalítico en términos de la dialéctica circular sartriana. *Tiempo de silencio* intenta una reconciliación de signo inverso, al analizar la dialéctica social sartriana en términos psicoanalíticos. La novela señala que la relación entre individuo y sociedad es dialéctica, puesto que la autoridad frustra los deseos del individuo, no al reprimirlos, sino al colaborar con ellos en la imposición de una falsa imagen de placer a una realidad triste:

Esa engañosa belleza de la juventud que parece tapar la existencia de verdaderos problemas, esa gracia de la niñez, esa turgencia de los diecinueve años, esa posibilidad de que los ojos brillen cuando aún se soportan desde sólo tres o cuatro lustros la miseria y la escasez y el esfuerzo, confunden muchas veces y hacen parecer que no está tan mal todo lo que verdaderamente está muy mal (p. 17).

Martín-Santos acusa a la sociedad franquista de vivir conforme al principio del placer, y no al principio de la realidad.

CAPÍTULO III

INTERPRETACIÓN PSICOANALÍTICA

En su obra psiquiátrica, Martín-Santos critica a Sartre, no sólo por pesimista, sino también por negar la existencia de lo inconsciente. Izenberg hace notar que, en este respecto, la psiquiatría existencial ha seguido más de cerca a Freud que a Sartre[1]. Sin embargo, el concepto existencial de lo inconsciente difiere de un modo importante del freudiano. Para la psiquiatría existencial, la represión no es inconsciente, sino que es una forma de mala fe. El término «inconsciente» se reserva para los instintos: sólo es inconsciente aquello que nunca ha sido consciente. Es importante que Martín-Santos se haya familiarizado con el concepto de lo inconsciente a través de la psiquiatría existencial. En sus primeros trabajos, dedica poca atención a lo inconsciente: rechaza la teoría freudiana por conllevar el determinismo biológico, y muestra cierto interés por el concepto acausal de lo inconsciente desarrollado por Binswanger[2]. Pero, en sus últimos años, insiste en que lo in-

---

[1] G. N. Izenberg, *The Crisis of Autonomy*, pp. 133-5. Mi exposición de la psiquiatría existencial se basa en el libro de Izenberg, y en los trabajos de R. D. Laing *(The Divided Self)* y de Rollo May *(Man's Search for Himself,* Londres, 1975). Una selección amplia de los trabajos de Binswanger y de otros psiquiatras existenciales se encuentra en la antología *Existence: A New Dimension in Psychiatry and Psychology,* ed. R. May, E. Angel y H. F. Ellenberger, Nueva York, 1959.

[2] *Dilthey, Jaspers,* pp. 22, 47, 50, 53, 164, 172, 231, 291; «El psicoanálisis existencial de Jean-Paul Sartre», p. 171; y «Jaspers y Freud», *Revista de Psiquiatría y Psicología Médica,* II, núm. 7 (1956), p. 696.

consciente tiene una importancia capital. En su artículo «La psiquiatría existencial», escrito alrededor de 1960, afirma: «Para dar solidez a su entramado el psicoanálisis precisa ineludiblemente una teoría de los instintos. [...] No comprendemos nunca una decisión humana sino cuando está montada sobre un instinto.» Define los instintos en su acepción existencial de «un sentido de motivación que nunca es causal como pueda serlo un proceso físico»[3]. Su última obra, *Libertad, temporalidad y transferencia*, intenta reconciliar la teoría freudiana de los instintos con el proyecto sartriano, al desarrollar el concepto de un proyecto inconsciente. Los instintos no son un impulso biológico, sino un deseo inconsciente de ser, que se define en términos de fines, y no de causas. Por eso, en su artículo «La psiquiatría existencial», Martín-Santos concede poca importancia a la falta de una prueba científica de la existencia física de lo inconsciente: «sea lo que fuere el inconsciente, hay demostraciones rigurosas de que determinadas conductas tienen un *sentido* a pesar de que éste no aparezca en la conciencia[4]. Para Martín-Santos, lo inconsciente se define como el sentido oculto de los actos humanos.

En *Tiempo de silencio*, la imagen de la procesionaria del pino demuestra que no sólo las intenciones conscientes, sino también los instintos inconscientes, sirven para alcanzar un fin: «A pesar de su ceguera, estos gusanos terminan por alcanzar puerto» (p. 158). También el impulso atávico que lleva a la mujer del Muecas a enterrar a su hija, hay que entenderlo como una motivación encaminada hacia un fin. Por eso, a pesar de ser inconsciente, su deseo instintual es capaz de dar un valor moral a su conducta. El sentido de la conducta de Pedro también hay que buscarlo en su motivación instintual, ya que no sirve para explicar sus actos su proyecto de «no ser idéntico», tal como éste lo expresa verbalmente. Evidentemente, el proyecto de Pedro tiene un sentido oculto, que contradice su formulación consciente. En *Libertad, temporalidad y transferencia*, Martín-Santos habla detenidamente del problema del conflicto entre razón e instinto. Señala que uno de los principales problemas experimentados por el neurótico es la contradicción entre su capacidad de intelectualizar sus actitudes morales y su incomprensión de los deseos instintuales que le impi-

---

[3] «La psiquiatría existencial», *Apólogos*, p. 114.
[4] *Apólogos*, pp. 113-4.

den realizar dichas actitudes: «Una de las tareas del psicoanálisis consiste en hacer patente el vacío de esas actitudes éticas no auténticamente realizadas. Hay que hacer patente que la no-realización o pseudorrealización aparente convierte las actitudes éticas en meras ideologías.» Según esto, se condena el proyecto de Pedro. Martín-Santos señala que, por lo general, se puede suponer que el proyecto inconsciente será lo opuesto al proyecto consciente que el neurótico no llega a realizar. Esto se confirma en el caso de Pedro, cuyo proyecto inconsciente resulta ser un deseo de «ser idéntico». El objetivo de la cura psicoanalítica consiste en reducir la distancia entre las actitudes morales del neurótico y su ceguera ante sus deseos instintuales, mediante una concienciación de lo inconsciente[5]. La contradicción entre razón e instinto había de formar un tema principal de la novela posterior, *Tiempo de destrucción*. Agustín (otro protagonista intelectual) se queja de «la impotencia en que el hijo de hombre nace aherrojado gracias a que es superior a tanto protoplasma violento que [a] la sola ley del instinto obedece»[6]. El problema de Pedro radica en la contradicción entre su alta capacidad de intelectualización y su ceguera total ante los deseos instintuales que le llevan a traicionar sus principios. Con razón le dice el policía: «Cuanto más inteligentes son ustedes más niñerías hacen» (p. 204). Este conflicto entre razón e instinto hace que la existencia humana sea a la vez trágica y noble: «Como si el hombre no fuera el mismo, señor, el mismo en todas partes: siempre tan inferior en la precisión de sus instintos a los más brutos animales y tan superior continuamente a la idea que de él logran hacerse los filósofos» (p. 45). Es por no sufrir ninguna contradicción entre razón e instinto que los habitantes de las chabolas pueden ser los personajes más activos.

Lo cual no quiere decir que los instintos sean superiores a la razón. La psiquiatría existencial tiene un concepto negativo de los instintos, que se definen –de acuerdo con las teorías postreras de Freud– como un instinto de muerte (Thanatos), o como un instinto de vida cuyo fin es la eliminación de toda tensión (Eros). Los dos coinciden al tender hacia la inercia: su fin es «deshacer» (Thanatos) o «no hacer» (Eros)[7]. Sólo la ra-

---

[5] *Libertad, temporalidad y transferencia*, pp. 91, 115.
[6] *Tiempo de destrucción*, p. 501.
[7] G. N. Izenberg, *The Crisis of Autonomy*, pp. 202-4.

zón, que se revela a través del proyecto de «hacer algo», es creadora. La psiquiatría existencial coincide con Freud al equiparar razón y progreso, pero no acepta la idea freudiana de que la razón –y con ella la civilización– al triunfar sobre los instintos necesariamente los reprime, y por lo tanto agudiza su violencia. Para la psiquiatría existencial, la razón es represiva sólo cuando se deja falsear por la mala fe, y en este caso ejerce una represión, no contra los instintos, sino contra sí misma. La oposición entre razón e instinto es menos absoluta que en Freud: primero, porque se supone que los dos son susceptibles al cambio histórico, y segundo, porque la acción de los instintos no se limita a la actividad sexual, sino que abarca todas las facultades humanas. Las consecuencias de esto han sido analizadas por Martín-Santos en su importante artículo «El plus sexual del hombre»: la energía instintual que no se agota en la actividad sexual –lo que él llama «plus sexual» o «plus libidinal»– queda a disposición del proyecto racional. Este pasar a la conciencia del plus libidinal es lo que la psiquiatría existencial entiende por «sublimación». La civilización se funda –como para Freud– en la sublimación, pero ésta no supone una represión previa. En las palabras de Martín-Santos: «Sublimación es decir auténtica creación. Creación es aportar algo a la obra común de la historia.» Para Martín-Santos, la función de la razón no es la represión de los instintos, sino la trascendencia: «Al hombre maduro le caracteriza una plena conciencia de su carne y la capacidad de poner su dinamismo al servicio de una dialéctica que la trasciende»[8].

Este hacerse consciente de lo inconsciente, que para la psiquiatría existencial constituye la sublimación, es el objetivo de la técnica freudiana de la transferencia, mediante la cual el neurótico proyecta sus impulsos inconscientes sobre la figura del psicoanalista, quien de este modo puede hacerle consciente de la naturaleza de aquellos impulsos. La transferencia ocupa un lugar destacado en la obra teórica de Martín-Santos. Sin embargo, éste discrepa de Freud con respecto al objetivo de aquélla. Para Freud, la cura psicoanalítica consiste en liberar al hombre de su sentimiento de culpabilidad. Para Martín-Santos, consiste en ayudar al neurótico a aceptar su responsabilidad, no sólo por lo consciente, sino también por lo incons-

---

[8] «El plus sexual del hombre», *passim*; y *Libertad, temporalidad y transferencia*, pp. 246, 120.

ciente, lo cual conlleva un reconocerse culpable[9]. Para la psiquiatría existencial, la culpa no es causa de represión, sino señal de responsabilidad y, por lo tanto, de libertad. De ahí que la psiquiatría existencial tenga una visión más optimista que Freud, no sólo de la razón, sino también de la sociedad, ya que ésta es producto de aquélla. Las dos se fundan, no sobre la represión de la culpa, sino sobre su aceptación.

Martín-Santos rechaza la actitud antisocial, no sólo del Sartre existencialista, sino también de Freud. Al igual que R. D. Laing, integra el análisis freudiano de la formación del niño mediante su relación con los padres, en un análisis más amplio de la relación del individuo con el grupo social. La familia es el medio a través del cual el niño aprende a expresarse socialmente[10]. Hemos visto que, en *Tiempo de silencio*, la relación de Pedro con la familia de la pensión constituye un reflejo microcósmico de su relación con la ciudad. Esta socialización de la teoría freudiana por la psiquiatría existencial afecta radicalmente su interpretación de lo que, para Freud, constituye el eje de la relación del niño con los padres: el complejo de Edipo. La psiquiatría existencial interpreta éste a la luz de la obra postrera de Freud, que –al igual que la obra postrera de Sartre– acusa una mayor politización. Originalmente, Freud había sugerido que el niño debía aprender a reprimir tanto sus deseos incestuosos hacia la madre como sus deseos homicidas hacia el padre. Pero en *Totem y tabú*, y sobre todo en *Moisés y el monoteísmo*, escrito éste en los años 30 bajo la amenaza del nazismo, Freud llega a sugerir que la civilización requiere el parricidio. Según la tesis de Freud, el paso de la sociedad tribal a la sociedad civilizada fue marcado por la rebelión de los hijos contra el «padre de la horda primitiva», cuyo monopolio sobre la madre representaba su monopolio sobre la tierra. El parricidio conduce a la instauración de una sociedad fraternal, de derechos compartidos. Freud vio en el asalto nazi a la democracia una regresión inquietante a un tribalismo patriarcal, que correspondía a algún estrato instintual primitivo[11]. Los psicoanalistas posteriores –y sobre todo los psi-

---

[9] *Libertad, temporalidad y transferencia*, cap. III.

[10] Véanse R. D. LAING, *The Divided Self*, *passim*; y *Libertad, temporalidad y transferencia*, p. 41.

[11] S. FREUD, *Totem and Taboo*, Londres, 1960; y *Moses and Monotheism*, Londres, 1939.

quiatras existenciales– interpretan la teoría de la horda primitiva como una metáfora: la civilización no fue inaugurada por un parricidio real, pero su pervivencia depende de la continua lucha contra el poder patriarcal. O sea: la democracia se funda en la rebelión. Freud, más pesimista, sugería que el parricidio necesariamente producía un sentimiento de culpabilidad que, de acuerdo con la ley del retorno de lo reprimido, abocaba fatalmente en la restitución simbólica del padre autoritario, representado en las instituciones políticas, religiosas y sociales. Para Freud, el fascismo era el precio inevitable de una civilización fundada en la culpa. La psiquiatría existencial, al creer que la civilización está fundada, no en la represión de la culpa, sino en su reconocimiento, es notablemente más optimista en cuanto a las posibilidades de crear una sociedad no autoritaria.

Si la psiquiatría existencial interpreta metafóricamente la teoría de la horda primitiva, es sobre todo por rechazar el concepto biológico del complejo de Edipo freudiano. Según la psiquiatría existencial, el deseo parricida se motiva, no por celos sexuales, sino por un deseo de autorrealización, que incluye el sexo como un medio de expresión entre otros. Igualmente, el deseo incestuoso para con la madre se interpreta, no como una atracción sexual, sino como un deseo de protección maternal. La vuelta al vientre materno representa, no el acto sexual, sino la regresión a una dependencia infantil. En este sentido, el deseo incestuoso no lleva al deseo parricida, sino a su opuesto: al miedo a la castración por el padre. Incesto y miedo a la castración coinciden, por ser dos formas de dependencia. La autoridad fomenta, no sólo el miedo a la castración, sino también –al contrario de lo que opinaba Freud– el incesto. Freud, que escribe a fines de siglo, ve la sociedad como progresiva pero represiva: de ahí que opine que la sociedad ha obligado al individuo a sacrificar el placer al progreso. Los psiquiatras existenciales, que aparecen ya avanzado el siglo veinte, ven la sociedad como conservadora, pero orientada hacia el placer: por eso, concluyen que la sociedad ha obligado al individuo a sacrificar, no el placer, sino la libertad, que se sacrifica precisamente a cambio del placer. Para la psiquiatría existencial, los instintos no se oponen a la sociedad, sino que son el resultado de un proceso de condicionamiento social. El concepto existencial del complejo de Edipo supone que el instinto primario del hombre, que es alentado y no reprimido por la sociedad, es el miedo a la libertad[12].

The Fear of Freedom es el título del libro más famoso del psicoanalista neofreudiano Erich Fromm, publicado en el exilio en Estados Unidos en 1942, y muy leído en la España franquista en la versión argentina que circulaba clandestinamente. Se sabe que Martín-Santos conocía algo de la obra de Fromm[13]. Castilla del Pino opina que es casi imposible que Martín-Santos ignorase el libro que dio a conocer a Fromm en España. «Miedo a la libertad» podría ser el título de *Tiempo de silencio*. Los paralelos de la novela de Martín-Santos con *The Fear of Freedom*, y también con el libro posterior de Fromm, *The Sane Society* (1955), son considerables.

The Fear of Freedom constituye un análisis psicoanalítico del nazismo, que Fromm había experimentado personalmente, en términos del complejo de Edipo. Fromm insiste en que el fascismo no se impuso en Alemania a la fuerza, sino que el pueblo alemán colaboró en la destrucción de su libertad, porque prefería la dependencia. A pesar de desconocer la obra de Sartre, Fromm coincide con la psiquiatría existencial según él mismo reconoce, al interpretar el complejo de Edipo, no como un problema sexual, sino como un problema de dependencia. Según Fromm, el fascismo se alimenta de los instintos regresivos del hombre. El fascismo fomenta estos instintos, al crear un ambiente de caos, y luego ofrecerse para restablecer el orden. El individuo no sólo teme a la autoridad, sino que también la desea. En *The Sane Society*, Fromm describe esta respuesta ambigua del individuo a la autoridad como una forma de idolatría religiosa. El fascismo recurre al rito y a la mitología, para reforzar la idolatría del poder. El análisis que hace Fromm de la idolatría anticipa el análisis que haría Sartre, en la *Critique*, de la «sacralisation». Fromm sugiere que la idolatría caracteriza, no sólo el fascismo, sino también el conformismo de la sociedad de consumo[14].

---

[12] Para una exposición del concepto existencial del complejo de Edipo, véanse G. N. IZENBERG, *The Crisis of Autonomy*, pp. 139-41, 148-9, 222, 248-9; L. BINSWANGER, «The Existential Analysis School of Thought», en *Existence*, ed. R. May, E. Angel y H. F. Ellenberger, pp. 191-213; y R. MAY, *Man's Search for Himself*, pp. 134-6.

[13] Juan Benet menciona haber comentado con Martín-Santos el libro de FROMM *Man for Himself* (1949).

[14] E. FROMM, *The Fear of Freedom*, Londres, 1977, pp. 2-4, 180, 24, 186-91, 172, 207-21; y *The Sane Society*, Londres, 1956, pp. 120-51, 237-40.

El análisis que hace Fromm del complejo de Edipo coincide con la psiquiatría existencial, no sólo al verlo como un problema de dependencia, sino también al suponer que la figura materna, tanto como la paterna, amenaza con la castración. La incestuosa vuelta al vientre materno castra tanto como la sumisión a la autoridad paterna, ya que reduce al individuo a una situación pasiva. Fromm hace notar que, en la ideología fascista, la madre representa no sólo la tierra o la raza, sino también la función protectora de la sociedad. Para Fromm, la oposición entre las figuras materna y paterna corresponde no sólo a la oposición entre naturaleza y sociedad, sino también a la oposición entre los dos aspectos contradictorios del estado: el bienestar y la ley. En *Tiempo de silencio*, el vientre materno sirve como un símbolo de la naturaleza (la meseta castellana) y también de la sociedad (la pensión, el burdel, la cárcel). La imagen del vientre materno se confunde con la del estómago: con esto, Martín-Santos –al igual que Fromm– indica que el vientre no sólo protege, sino que también devora. El deseo de la protección materna (evasión) y la sumisión a la autoridad paterna (conformismo) son las dos caras del mismo miedo a la libertad. Para Fromm, el tabú sobre el incesto es una necesidad histórica, ya que el incesto se opone al progreso. Fromm interpreta el mito de Génesis a la luz del complejo de Edipo, sugiriendo que la expulsión del paraíso representa simbólicamente la expulsión del vientre materno. La prohibición del ángel en las puertas del paraíso, que castiga la regresión al estado natural y obliga al hombre a exponerse a los peligros del progreso, representa el tabú sobre el incesto. Fromm también señala que, según el mito de Génesis, el hombre fue expulsado del paraíso natural por rebelarse contra la autoridad paterna de Dios. Un acto de rebelión inaugura el progreso histórico. En su libro *Beyond the Chains of Illusion*, Fromm reflexiona amargamente que quizá la historia llegue a su fin a causa de la obediencia. La promesa del retorno al paraíso que ofrece el fascismo es, según Fromm, la promesa siniestra de la felicidad obligatoria, que de hecho constituye un infierno[15]. En *Tiempo de silencio*, la tierra prometida también se convierte en infierno.

Para Fromm, el éxito del fascismo consiste en explotar el miedo del hombre a la soledad. Al igual que Sartre, Fromm in-

---

[15] *The Sane Society*, pp. 38-60; *The Fear of Freedom*, pp. 27-9, 4-5; y *Beyond the Chains of Illusion*, Nueva York, 1962, p. 167.

siste en que el fin de la existencia humana no es la seguridad, sino la libertad, la cual significa inseguridad. Fromm hace notar que la sumisión a la autoridad es contraproducente, porque, al aumentar la dependencia, también agrava el miedo a la inseguridad. De ahí que la idolatría de la autoridad cree el resentimiento: el individuo adora a la autoridad para compensar su impotencia, pero también la odia, porque le amenaza con la castración. El análisis que hace Fromm de la actitud ambivalente del individuo hacia la autoridad coincide con el análisis sartriano, en la *Critique*, de la dialéctica circular que rige el autoritarismo. También coincide con el análisis que hace Sartre, en *L'Être et le néant*, del sadomasoquismo. Fromm señala que el autoritarismo es sadomasoquista, por constituir una mezcla ambivalente de dependencia y resentimiento: se basa en la complicidad entre el poderoso y el impotente, los cuales se necesitan mutuamente. Los dos se sienten determinados por una fuerza externa. Para Fromm, esta creencia en una fatalidad externa es la característica más corrosiva del fascismo. Fromm hace notar que la ideología consumista está caracterizada por la ilusión de la libertad, y la ideología fascista por la creencia ilusoria en el destino[16]. La contradictoria sociedad española de *Tiempo de silencio* sufre las dos ilusiones. Los trabajos psiquiátricos y los testimonios personales de Martín-Santos indican que conocía bien la obra de Sartre; pero también es cierto que podía haber tomado de Fromm casi todas las ideas que aparecen en *Tiempo de silencio*. Sólo Sartre le ofrecía una teoría dialéctica de la historia. Pero sólo Fromm le ofrecía el análisis de una experiencia concreta del fascismo, interpretada a la luz del complejo de Edipo.

La ideología fascista española, tanto como la alemana, se basaba en la simbología patriarcal y matriarcal. La cruzada nacional constituyó un intento de volver a la «cuna» de la historia española, representada por el mito matriarcal de Isabel la Católica. Al mito de Isabel la Católica lo acompaña el mito de la tierra madre (la meseta castellana). Isabel la Católica y la meseta castellana coinciden, al ser imágenes, no fértiles, sino estériles, puesto que la madre que promete proteger a sus hijos también les castiga. El mito materno de la meseta castellana había de ser un tema importante de *Tiempo de destrucción*,

---

[16] *The Fear of Freedom*, pp. 122-47.

según lo indica José-Carlos Mainer[17]. El mito materno es inseparable del mito paterno del caudillo, que salva a la madre de la raza, pero también la subyuga. En su extraordinario libro *Genio de España* (1932), el fascista español Giménez Caballero anuncia el retorno del héroe nacional Don Juan, que «cuando [...] se enamoraba de una mujer, no era para convertirse en su amigo y colaborador, sino en su adversario. Para vencerla, derribarla y –¡admirable enemiga!– en el supremo éxtasis de triunfo genital, imprimirle un inolvidable beso ardiente en la boca». Este lenguaje sadomasoquista tipifica la retórica del fascismo español. Refleja una imagen de la mujer telúrica pero inerme, que se rinde al héroe que prueba la fuerza de su pasión al poseerla por la violencia. Según Giménez Caballero, la madre de la raza se ha prostituído a amantes afeminados (la democracia), cuya unión ha dado a luz a los hijos bastardos, liberalismo y socialismo. Ahora, la madre de la raza espera al nuevo héroe bárbaro que la conquiste a la fuerza, para redimirla y engendrar una nueva raza de herederos legítimos[18]. Lo fundamental en este uso de la imagen sexual es que describe la relación entre raza (madre) y estado (padre) como un abrazo apasionado. El pueblo y el caudillo se adoran mutuamente.

El tema de la adoración –al igual que el de la redención– vincula la simbología sexual a la religiosa, que, por razones obvias, alcanzó mucho más relieve en la España franquista que en la Alemania nazi. Aquí, la imagen paterna del mesías predomina. El caudillo se presenta como el representante divino, misericordioso pero severo, que dispensa favores a los suplicantes. Dionisio Ridruejo, en el libro antes mencionado, considera que la tendencia mesiánica explica la pasividad de la España franquista: los que no han acogido a Franco como el mesías, esperan al mesías que ha de salvarles de Franco[19]. En su libro sobre el pensamiento español de la posguerra, Thomas Mermall señala la obsesión con la temática patriarcal en la retórica falangista. El análisis que hace Mermall de la obra del humanista católico Rof Carballo, sirve para poner en contexto el uso de las imágenes edípicas en *Tiempo de silencio*. Rof fue uno de los pocos médicos falangistas que se interesaran por

[17] Prólogo de Mainer a *Tiempo de destrucción*, p. 29.
[18] E. GIMÉNEZ CABALLERO, *Genio de España*, Madrid, 1932, p. 226 y *passim*.
[19] D. RIDRUEJO, *Escrito en España*, pp. 31, 136, 350.

Freud. El eje de su pensamiento lo constituye el mito de Edipo: su interpretación no podría ser más diferente de la de Martín-Santos. Para Rof, el mito de Edipo demuestra la importancia del hogar paterno. La tragedia de Edipo consiste en su ignorancia de sus orígenes. Es por no conocer a sus padres que Edipo emprende la búsqueda de la verdad, que le destruye. Para Rof, la inteligencia –que, según él, es consecuencia de la falta de un hogar seguro– es la maldición del hombre moderno. La ignorancia de Edipo representa la ceguera moral del hombre moderno, que ha rechazado sus raíces para perseguir la quimera del progreso. Rof bautiza el complejo de Edipo con el nuevo nombre castizo del «complejo de Segismundo»: el complejo del niño expósito. Rof sugiere que la sociedad contemporánea sufre la «doble castración de los símbolos matriarcal y patriarcal». Para Rof, la sociedad debe ser fundada sobre la «roca» de la tradición paterna. Mermall censura duramente a los intelectuales católicos españoles, por basar su pensamiento sobre la teoría de la «religación» (la necesidad de las raíces), propagada, desde su cátedra madrileña, por Zubiri, el discípulo más famoso de Ortega[20]. Aparte del uso de la simbología patriarcal y matriarcal en la ideología falangista, también vale la pena destacar la importancia legal del hogar en la España franquista. El uso de la familia como un reflejo microcósmico de la sociedad, que aparece en *Tiempo de silencio*, se explica no sólo por la familiaridad de Martín-Santos con la interpretación existencial del complejo de Edipo, sino también por la realidad histórica del franquismo.

En *Libertad, temporalidad y transferencia*, Martín-Santos interpreta el complejo de Edipo según un criterio existencial, pero también demuestra conocer la teoría freudiana y neofreudiana. Critica a Freud por su interpretación sexual del complejo de Edipo: para Martín-Santos, el problema consiste en la dificultad de realizar el «conjunto de la instintividad dinámica motora de todo lo psíquico». La neurosis se origina, no en la represión, sino en la impotencia. El miedo edípico a la castración es un miedo no sólo al padre, sino a toda presencia prepotente: esto Martín-Santos lo denomina el «terror del otro». El deseo edípico de la madre, Martín-Santos lo interpreta como un «terror cósmico», causado por la «ausencia de protección» en el sentido más amplio. Martín-Santos también de-

[20] T. MERMALL, *The Rhetoric of Humanism*, pp. 56-72, 80-1.

fine un tercer miedo edípico, que denomina el «terror trágico»: éste consiste en un miedo a la muerte y a la nada, y es
casi insuperable. Para Martín-Santos, el deseo de protección
materna es el más primitivo de los tres miedos edípicos, ya
que empieza en el momento de ser expulsado del vientre materno al nacer; pero también considera que es el que más fácilmente se puede superar. Martín-Santos demuestra conocer la
obra de Melanie Klein, a quien cita para señalar que el deseo
de protección materna se acompaña por un miedo a la «madre fálica y destructora», que amenaza con castrar al niño tanto como el padre. Martín-Santos también señala que el padre,
al representar la autoridad, no sólo es temible, sino también
protector. Padre y madre son benévolos y malévolos los dos.
Según Martín-Santos, el miedo edípico a la castración por el
padre, a pesar de ocurrir en una etapa más avanzada que la
obsesión materna, es más difícil de superar. Para Martín-
Santos, la tarea del psicoanalista consiste en ayudar al neurótico a superar sus miedos edípicos, al ofrecer una «protección
desprotectora», que debe ser «completamente diferente a la
paterna». O sea: el psicoanalista debe ofrecerle al neurótico la
seguridad que puede ofrecer un padre o una madre, y al mismo tiempo inducirle a independizarse [21].

Martín-Santos subraya el aspecto destructivo de lo que llama los «modos regresivos edípicos». En *Libertad, temporalidad
y transferencia*, apenas habla del instinto de vida, pero sí relaciona el complejo de Edipo con el instinto de muerte. Según
Martín-Santos, el concepto freudiano del instinto de muerte
ha sido «una de las fuentes inspiradoras de los desarrollos
posteriores más importantes del psicoanálisis». En varios trabajos, Martín-Santos indica su preferencia por la obra postrera de Freud, la cual desarrolla el concepto del instinto de
muerte, y además demuestra una creciente preocupación por
el autoritarismo [22]. En *Tiempo de silencio*, Martín-Santos relaciona el complejo de Edipo con el instinto de muerte, al hacer
reflexionar a Pedro que el hombre «no tiene nada de ángel
porque además de no tener alas parece que lo único a que as-
pira es a la aniquilación. El ángel puede volverse contra su
dios, pero este medioángel no se vuelve más que contra su

---

[21] *Libertad, temporalidad y transferencia*, pp. 165-76, 108, 215.
[22] *Libertad, temporalidad y transferencia*, pp. 220, 170; y «Jaspers y Freud»,
p. 697.

madre» (p. 92). El sentido de la segunda frase no está muy claro, pero parece indicar que, en vez de rebelarse contra la autoridad paterna, el hombre permanece obsesionado con la figura materna, y de este modo provoca su autodestrucción.

En *Tiempo de silencio* abundan las imágenes edípicas de incesto y castración. Al igual que en *The Fear of Freedom*, el incesto aparece como una forma de castración. La relación simbólica entre incesto y castración se ejemplifica con lo que parece ser un lapsus freudiano por parte de Martín-Santos, al confundir el mito de Edipo con el de Orestes[23]. En el burdel, Matías llama Electra a la hija de Edipo, y más tarde supone que Clitemnestra es madre de Edipo (pp. 90-1, 162). Esta confusión permite el divertido malentendido de la vieja prostituta, que cree que Matías alude a la luz eléctrica («Electra, Electra, ven a mí. / Aunque la llames no viene hasta las seis» [p. 91]); pero, en efecto, Electra es hermana de Orestes, y Clitemnestra, madre de éste. Aquello bien puede ser un lapsus freudiano, porque los dos mitos son variantes del mismo tema: Edipo mata a su padre y se casa con su madre, mientras que Orestes mata a su madre. El psiquiatra existencial norteamericano Rollo May sugiere que el mito de Orestes complementa el de Edipo, al demostrar que es tan importante rebelarse contra la madre como contra el padre, porque la madre también castra. May sugiere que el mito de Orestes demuestra mejor la necesidad de la rebelión, porque Orestes, al contrario de Edipo con su padre, mata a su madre a sabiendas[24]. En *Tiempo de silencio*, los efectos castrantes de la fijación incestuosa se ven, al ser descritas las regresiones figurativas de Pedro al vientre materno como una serie de viajes a la tumba o al infierno. La «penumbra acogedora» de la pensión constituye un «antro oscuro en que cada día [Pedro] se sumergía con alegrías tumbales y del que matinalmente emergía con dolores lucinios» (p. 27). Es vientre y tumba al mismo tiempo, porque, al ofrecerle sus «protecciones afectivo-viscerales», le priva de su libertad, al hacerle dependiente. Hay que destacar que a Pedro le gusta descender cada noche al mundo de los muertos («con alegrías tumbales»), y le duele volver cada ma-

---

23 Este descuido, como los otros errores que contiene la novela, parece confirmar la declaración de Castilla del Pino de que Martín-Santos escribió la novela muy rápidamente, posiblemente en un solo mes.

24 R. MAY, *Man's Search for Himself,* pp. 126-7.

ñana al mundo de los vivos («con dolores lucinios»). En su «noche sabática», Pedro descubrirá que las tinieblas no le dan la anestesia que busca a través del sueño, sino que le enfrentan con un mundo infernal. El burdel no sólo es vientre, sino también «laguna estigia» (p. 86). Doña Luisa, en el sótano del burdel, ofrece su protección materna a Pedro, sólo al condenarle a la clandestinidad perpetua de ser abortista ilegal. La celda subterránea de la Dirección General de Seguridad no es el vientre protector que pretende Pedro, sino un estómago devorador, en que se entra pasando por las fauces del averno:

Tras el que una nueva boca, ya más próxima a las fauces definitivas, engullía con poderoso sorbo las almas trémulas de los descendentes [...] La próxima boca da paso a una garganta escalonada y tortuosa a través de la que [...] la ingestión es ayudada por los movimientos peristálticos del granito cayendo así –tras nuevas rejas– en la amplia plazoleta gástrica donde se iniciara la digestión de los bien masticados restos (pp. 170-1).

También Dorita, al ofrecerle un refugio sexual, es una boca devoradora, según lo indica Matías:

comprensión femenina, asimilación, digestión del infeliz varón en el seno pitónico. Osado el que penetra en la carne femenina, ¿cómo podrá permanecer entero tras la cópula? Vagina dentada, castración afectiva, emasculación posesiva, mío, mío, tú eres mío» (p. 161).

Detrás de la máscara virginal de Dorita, se encuentra la «madre fálica y destructora». La repetida imagen de la sirena representa no sólo el placer inalcanzable, sino también la mujer-serpiente («el seno pitónico»). Pedro medita sobre la perversa lógica que hace que los templos hindúes se dediquen a una diosa madre, cuando en la India es tan alta la mortandad infantil.

El hecho de que la protección del vientre materno también castre, explica la relación simbólica que existe en la novela entre el incesto (vuelta al vientre materno en busca de protección) y el aborto (destrucción al ser expulsado del vientre materno). El incesto, por ser destructor, conduce al aborto. Según este esquema simbólico, la misma noche infernal conducirá a Pedro desde el incesto figurativo con Dorita hasta el aborto de Florita. Al vaciar el útero de Florita, Pedro realiza una macabra repetición inversa de su penetración de Dorita, que, esta vez, desemboca no en el placer, sino en la muerte. La imagen del vientre sangrante relaciona a las dos muchachas (p. 109). Dorita y Florita representan no sólo las dos caras de la sociedad española (consumismo/subdesarrollo), sino también los dos instintos con los que Pedro tiene que enfrentarse en su noche sabática: Eros (Dorita) y Thanatos (Florita). Ambos son destructores para Pedro, ya que Eros se confunde con Thanatos al manifestarse como un deseo de protección (inercia). En el burdel, Matías emprende un metafórico viaje de vuelta a una «cuna» mecida por «una figura blanda de mujer que amamanta», que no sólo es «acariciadora, amansante», sino también «paralizadora». La vuelta al vientre materno es un intento de deshacerse: «aniquilación inversa en que el huevo [...] se escinde en sus dos entidades previas y Matías ha desempezado a no existir» (pp. 86-7). Es lógico que, en el burdel, Matías y Pedro no encuentren la protección deseada, sino que son expulsados a la calle. Al volver al burdel, refugiándose de la policía, Pedro esta vez sí encuentra la protección, en la figura materna de doña Luisa («gran madre fálica que convida a beber la copa de la vida» [p. 151]), pero a costa de la asfixia:

le parecía que había dejado de respirar y que quedaba inmóvil en aquel espacio sumergido en que todo (el alimento, el aire, el amor, la respiración) se lo introducían por un tubo de goma mientras que él permanecía inerte (p. 153).

Pedro asocia siempre el placer con la inercia del feto. Es significativo que el abrazo materno de doña Luisa se describa como «el gesto durante tanto tiempo esperado, el gran gesto hacia el que había estado caminando durante toda la noche y desde hacía tantos años» (p. 153). Esto indica que la tendencia incestuosa de Pedro no es sólo una respuesta a sus problemas actuales, sino un impulso permanente. O sea: un instinto.

El refugio de Pedro en el burdel lleva, también lógicamente, a su encarcelamiento. Incluso en la cárcel, Pedro intentará convertir su pasividad obligatoria en una forma de protección materna: «Vuelto a la cuna. A un vientre. Aquí protegido» (p. 179). La tendencia incestuosa de Pedro le hace desear la destrucción de su libertad. Ni siquiera la cárcel le ofrece a Pedro un refugio permanente de la angustia de ser libre. Pedro experimenta su liberación por la policía como si fuera un aborto: de ahí que se refugie inmediatamente en los brazos de Dorita. La lógica de la relación simbólica entre incesto y aborto, hace que Pedro pague sus reiterados intentos, a través de la novela, de refugiarse en un abrazo materno, con su expulsión final de la ciudad. El incesto real de Florita la lleva a sufrir un aborto real. El incesto figurativo de Pedro le lleva a sufrir un aborto figurativo. Al final de la novela, la imagen del aborto se vincula explícitamente con la de la castración. Pero la novela no termina con el aborto: al ser expulsado de la ciudad, Pedro opta nuevamente por el incesto, hundiéndose con el tren –«órgano gigante», cuya «marcha erecta [...] se clavará en el vientre de las montañas» (p. 237)– en la tierra madre de la meseta castellana. Por estar ya castrado, Pedro no puede emprender este último incesto con la tierra madre por su propios esfuerzos, sino que delega sus potencias fálicas al tren.

El argumento de la novela obedece a un movimiento circular, que va desde la imagen del incesto a la del aborto, y nuevamente a la del incesto. La protección del vientre materno es contraproducente por aumentar la dependencia, lo cual provoca una nueva crisis de inseguridad, que lleva a un nuevo impulso incestuoso. Este círculo vicioso es una versión psicoanalítica de la dialéctica circular que, según Sartre, rige la vida del grupo. Carlos Feal Deibe sugiere que el uso en la novela de las imágenes de incesto y castración, indica que su tema principal es la culpa sexual [25]. A mi parecer, la simbología edípica —de acuerdo con la interpretación existencial del complejo de Edipo— constituye una metáfora del miedo a la libertad, que lleva al hombre a autodestruirse. Matías sí siente una atracción hacia su propia madre (p. 162); pero Pedro convierte en figuras maternas personas –y lugares– que no lo son. En el caso de Dorita, el incesto figurativo de Pedro obedece a un impulso sexual, pero en los otros casos (la pensión como hogar, doña Luisa, la cárcel, la meseta) obedece a un deseo de protección en el sentido más amplio. La castración final que sufre Pedro desde luego no es una castración sexual, sino la castración de todas sus posibilidades humanas. Al buscar la protección ma-

---

[25] C. Feal Deibe, «Consideraciones sicoanalíticas sobre *Tiempo de silencio*», *Revista Hispánica Moderna*, XXXVI, núm. 3 (1970-1), pp. 118-27. El único crítico que ha apreciado el aspecto social de las tendencias incestuosas de Pedro es, nuevamente, John Lyon, en su artículo «Don Pedro's Complicity».

terna, Pedro intenta regresar a una dependencia infantil. En *Libertad, temporalidad y transferencia,* Martín-Santos define la neurosis como «una infancia dilatada»[26]. En la novela, Amador reflexiona sobre el caso de Pedro: «Niños tiernos, son niños tiernos y se creen que son hombres» (p. 160). El incesto simboliza una sociedad que ha regresado hacia la dependencia, en vez de progresar. La carrera científica de Pedro le prepara para ser un «constructor del futuro» (p. 207), pero, en el transcurso de la novela, se convierte en abortista. El incesto y aborto de Florita muestran –literal y simbólicamente– cómo, «en una especie de paradójica marcha inversa» (p. 57), el país ha regresado al subdesarrollo. En España, la «exogamia imprescindible para el caminar de la especie» está representada sólo en la promiscuidad intelectual del Café Gijón (p. 66). En cambio, los «sapientísimos cruceros endogámicos» producen una «raza selecta» de ratones cancerosos (p. 56). El «cáncer» de España lo constituye su tendencia incestuosa de regresar en vez de progresar. El incesto final de Pedro con la meseta castellana indica que, no sólo él ha vuelto a su lugar de origen, sino que España, en vez de seguir el camino del progreso científico, ha regresado a un estado natural estéril. *Tiempo de silencio* demuestra cómo la dependencia psicológica agrava la dependencia económica.

La sociedad de *Tiempo de silencio* contiene una multiplicidad de figuras maternas, que castran al individuo con su protección; pero, de acuerdo con el diagnóstico de Rof Carballo, es «una sociedad sin padre». Se menciona al padre de Matías, pero no se sabe si está vivo. El único padre que aparece en la novela es la degradada figura paterna del Muecas. Muecas representa un Edipo invertido: no el hijo que seduce a la madre, sino el padre que seduce a la hija[27]. Con el Muecas, vemos, no la regresión a las raíces maternas, sino la violación por la autoridad paterna del futuro. Muecas es el padre de la horda primitiva, temido como padre castrante por Cartucho, monopolizador de todas las mujeres: «patriarca bíblico al que todas aquellas mujeres pertenecían» (p. 55). Es apropiado que los

---

[26] *Libertad, temporalidad y transferencia,* p. 215.
[27] Esto lo hace notar TALAHITE, en su tesis *«Tiempo de silencio» de Martín-Santos.* Talahite considera a Cartucho como padre simbólico de Dorita (por parecerse al chulo que fue su padre real), y relaciona su asesinato de Dorita con la muerte de Florita causada por su padre: esto no me parece justificado.

habitantes de las chabolas estén descritos como una tribu primitiva, y que la mujer del Muecas– «este ser de tierra» (p. 201)– y su hija Florita, víctima del incesto, representen la naturaleza. La familia del Muecas constituye una imagen degradada del sistema autoritario patriarcal de la España franquista.

El hecho de que la sociedad madrileña carezca de padres, con la sola excepción del Muecas, no indica una actitud progresiva, libre de la autoridad paterna; sino más bien una inseguridad crónica, que busca compensarse a través de la sumisión a un padre simbólico. La vida entera de la pensión se orienta hacia la búsqueda del «hombre» que compense dos generaciones de padres ausentes. Efectivamente, la generación de la posguerra fue una generación huérfana; pero, al subrayar este hecho, Martín-Santos no sugiere la necesidad de la autoridad paterna, sino que critica a aquella generación –a la que él pertenecía– por no haber sabido librarse de la obsesión paterna. La guerra civil no tiene la culpa de que Dorita y Cartucho carezcan de padre, ni de que Pedro viva fuera del hogar paterno; pero Martín-Santos sugiere que el franquismo es culpable de haber aprovechado la orfandad de la generación de la posguerra, al ofrecerse como una autoridad paterna alternativa. La ausencia de padres en la novela apoya el análisis que hace Tierno Galván del mesianismo español: «Es curioso cómo aparece en España el mito del grande hombre, del hombre salvador de la nación. Aparece como consecuencia de no haberlos tenido»[28]. Fromm describe cómo el nazismo provocó la inseguridad económica de la clase media, para que ésta sintiera la necesidad del poder fuerte[29]. Del mismo modo, Martín-Santos muestra cómo el franquismo provoca la inseguridad, al estimular una demanda que luego frustra. La inseguridad económica explica la búsqueda de un «salvador» por parte de las mujeres de la pensión. La clase baja (las chabolas), la clase media (la pensión) y la clase alta (la recepción para Ortega) coinciden en su adoración del patriarca, presente (Muecas, Ortega) o ausente (como en el caso de la pensión, que intenta convertir a Pedro en padre fundador). En los tres casos, el mesías masculino se halla rodeado de una horda primitiva, no de hijos rebeldes, sino de mujeres sumisas. Martín-

---

[28] E. Tierno Galván, *Costa y el regeneracionismo*, p. 62.
[29] *The Fear of Freedom*, p. 191.

Santos expresa su admiración por Cervantes, que, al contrario de Ortega, «no quería ser Mesías» (p. 64).

La reflexión sobre el cuadro de Goya constituye una denuncia violenta del autoritarismo patriarcal. El gran buco se rodea, no sólo de mujeres sumisas, sino también de fetos abortados. Al igual que el incesto, la sumisión al padre conduce al aborto. De ahí que, con Florita, la novela trate el aborto que resulta del incesto de la hija con el padre. La escena del gran buco subraya la relación sadomasoquista que une al poderoso con el impotente. Éste crea la imagen de una figura poderosa y opresiva para compensar, y justificar, su propia impotencia. Castilla del Pino señala que el masoquismo nace de «la incapacidad para adoptar el papel directo de dominador»: al no ser capaz de asumir el papel del padre, derrocándole, el hijo busca identificarse con éste a través de la sumisión [30]. También el mesías necesita al impotente, ya que su poder es consecuencia, no de una superioridad real, sino de la debilidad de éste. El gran buco deriva su omnipotencia de la «adoración centrípeta» de las «masas inermes» (pp. 117-8). En efecto, cuanto más débil es el redentor, tanto más fácilmente el suplicante le induce a ser benevolente. Esto lo comprende la abuela de Dorita, al elegir a Pedro como salvación de la familia (p. 81). La naturaleza sadomasoquista del poder patriarcal también había de ser un tema de *Tiempo de destrucción* [31].

La dependencia mutua entre el poderoso y el impotente la subraya Martín-Santos, al mostrar, no sólo cómo Pedro convierte a los demás tanto en figuras paternas como en figuras maternas, sino también cómo los demás intentan convertir a éste en mesías. Para las mujeres de la pensión, Pedro representa «el ángel de la anunciación», «una epifanía» y una «transfiguración» (p. 37). Pedro, a su vez, las convierte a ellas en diosas. Asimismo, Pedro ve en el Muecas al salvador capaz de resucitar los ratones muertos, mientras que éste ve en Pedro al «salvador lejano» (p. 103) capaz de resucitar a su hija. Amador cumple el papel de salvador «bien amado» (p. 103) para todos: para su mujer (p. 155), para Muecas (pp. 33, 59), y para Pedro, quien, desde el principio de la novela, se muestra incapaz de actuar por su propia iniciativa: «Amador [...] espera una orden que yo no doy, sino que miro y escucho, queriendo

---

[30] C. CASTILLA DEL PINO, *Introducción al masoquismo*, Madrid, 1975, p. 67.
[31] *Tiempo de destrucción*, pp. 97, 344-5.

oír lo que pueda decirme que me saque de esto» (p. 9). Amador responde con la debida promesa de salvación, al nombrar al emisario mágico: «Muecas tiene». Cuando Amador muestra a Pedro la «tierra prometida» de las chabolas, «como muchos siglos antes Moisés sobre un monte más alto» (p. 42), la descripción no es enteramente inapropiada. La sociedad madrileña de *Tiempo de silencio* funciona a base de la dependencia mutua entre salvador y suplicante, de modo que el suplicante de repente se convierta en salvador, y al revés. Este sistema lo gobierna una cadena de poder delegado desde arriba. Muecas mantiene su autoridad en las chabolas a causa del prestigio de sus «relaciones secretas, protecciones de otro mundo» (p. 59). Del mismo modo, el prestigio de Pedro en la pensión depende de su amistad con Matías, quien, a su vez, deriva su prestigio de «sus poderosas relaciones» (p. 188). La España franquista constituye una jerarquía vertical, en la cual el individuo deriva su poder de su sumisión a una autoridad superior.

El objetivo de esta sumisión consiste en «deshacer» la historia. Las mujeres de la pensión ven en Pedro al «enviado dotado de tal virtud que el destino total de la familia –tras su roce mágico– se invertiría» (p. 37). Matías acude a sus contactos prestigiosos «para hacer que las aguas remontaran su cauce y que el flujo de la historia se invirtiera» (pp. 188-9). En casi toda su trayectoria circular por Madrid, Pedro camina detrás de un líder, de quien espera que le saque de la situación en que se encuentra, al «deshacer» lo que él ha hecho (o, más bien, no ha hecho). El objetivo de la sumisión al padre es el «desvivirse»: o sea, el incesto. Es apropiado que el único padre en la novela sea el incestuoso Muecas.

La redención que promete el salvador es la otra cara de la castración. El «hombre egregio» orteguiano resulta ser «el gran macho cabrío en el aquelarre» (p. 127). La tierra prometida indicada por Amador es el infierno. Las figuras «divinas» resultan todas ser infernales: Muecas no ofrece la salvación a Pedro, sino que es el mensajero nocturno que le lleva a su perdición; las tres «diosas» de la pensión son las tres parcas. Asimismo, Pedro no salva a Dorita, sino que la conduce a la muerte. Irónicamente, es por desear emular a la benévola figura paterna de Ramón y Cajal, al ganar el Premio Nobel, que Pedro se deja involucrar en el aborto, y así se enfrenta con la otra cara de la autoridad paterna: «la cegadora visión de Júpiter-tonante» (p. 170). Los dioses paternos de la Dirección General de Seguridad estimulan la tendencia incestuosa de Pedro, al tratarle como a un niño, y al construir la cama de cemento de su celda de manera que tenga que «recoger ligeramente sus piernas aproximándose a la llamada posición fetal» (p. 172). Del mismo modo, el paternal Director del Instituto sugiere a Pedro la idea de «desvivirse», volviendo a sus orígenes.

La idolatría de la autoridad patriarcal representa, no sólo la transferencia del poder a un fetiche, sino también la transferencia de la culpa. El mesías se relaciona estrechamente con la figura del chivo expiatorio. Juan Carlos Curutchet señala que el gran buco de Goya es un chivo expiatorio[32]. Pero es un chivo expiatorio muy especial, ya que a un auténtico chivo expiatorio se le sacrifica, para expiar la culpa colectiva. El gran buco del cuadro de Goya evidentemente no corre ningún riesgo de ser sacrificado[33]. De ahí que el narrador advierta: «No eres expiatorio, buco, sino buco gozador» (p. 129). Pero el gran buco sí es un chivo expiatorio en el sentido de que las «masas inermes» lo creen omnipotente y, por lo tanto, la fuente no sólo de todo bien, sino también de todo mal. El aspecto infernal del macho cabrío deriva, no sólo de su posición opresiva, sino también de la necesidad por parte del grupo de echar la culpa de sus males a una fuerza externa. Este tipo de chivo expiatorio que no se sacrifica, no puede expiar la culpa colectiva, ya que su omnipotencia confirma la impotencia del grupo, en vez de aliviarla.

El mismo tipo de chivo expiatorio, que confirma la impotencia del grupo, aunque esta vez por lo menos corre el riesgo de ser sacrificado, aparece en la novela con el análisis de la corrida de toros. Un análisis parecido, aunque de signo inverso, se encuentra en el *Genio de España*, de Giménez Caballero, quien relaciona al torero con el mesías que se sacrifica. Según Giménez Caballero, el fin del sacrificio del mesías –que, para él, está encarnado en el mito nacional de Don Juan– es la redención del pueblo: «Este morir sacrificado del toro de Don Juan, para resucitar un día primaveral y salvador, es el legendario de todos los resucitamientos divinos. Desde Adonis y Mi-

---

[32] J. C. Curutchet, *A partir de Luis Martín-Santos*, pp. 38-9.
[33] Talahite (en *«Tiempo de silencio» de Martín-Santos*, p. 321) sugiere que la referencia al entierro de Ortega equivale a su sacrificio: esto tampoco me parece justificado.

tra hasta el Cristo». Para Giménez Caballero, la corrida de toros encarna el espíritu del fascismo, cuya moral de sacrificio anuncia la resurrección del «genio de la raza»[34]. Fromm señala que el fascismo se apoya sobre el sacrificio, no sólo por sacrificar el pueblo su libertad, sino también por sacrificarse el caudillo al destino. El caudillo, tanto como el pueblo, se cree a la merced de un poder ajeno[35]. El análisis de la corrida de toros que hace Giménez Caballero acusa la influencia de *The Golden Bough*, de Sir James Frazer. El noveno tomo de la obra de Frazer, titulado *The Scapegoat*, también constituye la fuente del análisis del autoritarismo llevado a cabo por Freud en *Totem y tabú* y *Moisés y el monoteísmo*. La reflexión sobre la corrida de toros en *Tiempo de silencio* da muestra del interés de Martín-Santos por la obra postrera de Freud.

Frazer señala que la función capital del chivo expiatorio es la de ser sustituto. Por lo tanto, según Freud hace notar, ejemplifica el proceso de transferencia de la culpa que éste denomina «sublimación». Según Frazer, originalmente el chivo expiatorio era un rey, que se sacrificaba en lugar del dios mítico que había muerto para regenerar el mundo. Sólo un ser justo y poderoso, al ser sacrificado, podía conseguir la regeneración. De ahí que el chivo expiatorio, al sustituir al dios, fuera tratado como si lo fuese, durante un plazo anterior al sacrificio. Frazer sugiere que los ritos expiatorios se degeneraron cuando los reyes, para no tener que ser sacrificados, iniciaron la costumbre de comprar un segundo sustituto, que muriera en su lugar. Según Frazer, este segundo sustituto se escogía de entre el bajo pueblo, pero seguía siendo tratado como un dios antes de su sacrificio, y aceptaba ser víctima a cambio de este favor[36].

Freud hace destacar dos cosas en el análisis de Frazer. Primero, que el chivo expiatorio representa, al principio literalmente y más tarde simbólicamente, a la autoridad. Segundo, que su sacrificio sirve para mantener a la autoridad en el poder. Así, el chivo expiatorio representa la muerte de la autoridad para que ésta sobreviva. Por lo tanto, para Freud, el rito expiatorio parecía explicar el deseo contradictorio del hombre de librarse de la autoridad y, a la vez, de someterse a ella.

---

[34] E. GIMÉNEZ CABALLERO, *Genio de España*, pp. 226, 198.
[35] *The Fear of Freedom*, pp. 202-3.
[36] Sir James FRAZER, *The Golden Bough*, Londres, 1963, pp. 706-68.

Según Freud, el asesinato del padre de la horda primitiva por los hijos origina un sentimiento de culpabilidad, que introduce la necesidad de la expiación. Freud sugiere que el rito sacrificatorio permite a los hijos venerar al padre muerto y, al mismo tiempo, sublimar sus deseos antiautoritarios, al representar simbólicamente el parricidio original[37]. Según Freud, la celebración ritual del sacrificio del padre sirve para sublimar el deseo de libertad que la sociedad reprime en el individuo. En *Tiempo de silencio* tenemos una sociedad unida, no por la complicidad en el parricidio, sino por su complicidad en la sumisión al padre. Para Martín-Santos, el chivo expiatorio sublima, no la culpa de la rebelión, sino la de la sumisión. Por no haber sido capaces de matar al padre, los hijos tienen que matar a un sustituto. Es por sublimar un resentimiento impotente que el rito sacrificatorio puede, en el caso de España, desbordarse en una violencia autodestructiva: el análisis de la corrida de toros en la novela se refiere implícitamente al derramamiento de sangre que tuvo lugar en la Guerra Civil. Al ser incapaz del parricidio, el pueblo español ha optado por el sustituto del fratricidio[38].

El análisis que hace Martín-Santos de la corrida de toros puede entenderse de varias maneras. La muerte del toro por el torero puede ser interpretada –de acuerdo con el análisis freudiano del taurobolio mitraico, al que alude Pedro (p. 99)– como representación simbólica del parricidio[39]. En este caso, el público debería identificarse con el torero, que mata al símbolo de la autoridad. Pero Martín-Santos indica que el público se identifica con el torero sólo en el sentido de compartir su miedo de ser muerto por el toro. En realidad, el público se identifica con el toro, y no sólo teme, sino que también desea la muerte del torero: «¿Pero qué toro llevamos dentro que presta su poder y su fuerza al animal de cuello robustísimo [...]?» (p. 183). Según esto, la corrida representa el deseo de autodestrucción del pueblo. Pero el narrador también sugiere que es el torero, y no el toro, quien representa simbólicamente a la autoridad, al ser «hostia emisaria del odio popular» (p. 183). En este caso, al desear la muerte del torero, el público

---

[37] *Totem and Taboo*, pp. 141-50.
[38] Esto lo señala TALAHITE, en «*Tiempo de silencio*» de Martín-Santos, p. 195.
[39] *Totem and Taboo*, p. 153.

sublima sus deseos antiautoritarios. Pero los sublima sólo a costa de la sumisión final, ya que la corrida termina con el triunfo del torero. El torero es un chivo expiatorio –elegido del bajo pueblo, y mimado como un ser excepcional (p. 136)– que sustituye a la autoridad al exponerse al sacrificio. Pero, en la práctica, el que muere es el toro. La corrida de toros confirma el poder de la autoridad, al representar simbólicamente la incapacidad de llevar a cabo el parricidio. De ahí que la policía, la prensa, las fuerzas armadas, la Iglesia y el Gobierno Civil colaboren en el rito (p. 183).

El narrador hace notar que la institucionalización de la corrida de toros, que tuvo lugar en el siglo XVIII, coincide con los principios de la decadencia imperial. Por lo tanto, la corrida constituye una sublimación del fracaso histórico: «un cauce simbólico en el que la realización del santo sacrificio se haga suficientemente a lo vivo para exorcizar la maldición y paralizar el continuo deseo que a todos oprime la garganta» (p. 183). La frase que sigue indica que la función de este proceso sublimatorio es la consagración de la autoridad:

Que el acontecimiento más importante de los años que siguieron a la gran catástrofe fue una polarización de odio contra un solo hombre y que en ese odio y divinización ambivalentes se conjuraron cuantos revanchismos irredentos anidaban en el corazón de unos y de otros no parece dudoso (p. 183).

Las palabras «un solo hombre» aluden claramente a Franco: es curioso que esta frase no fuera censurada en la primera edición de la novela, que tanto sufrió los estragos del censor. Con esta referencia, Martín-Santos sugiere que, si Franco se convirtió en el blanco único del odio del país, este hecho le consagró en el poder, puesto que, al echar a Franco la culpa de todos sus males, el país le creía, y hacía, omnipotente. De ahí que la actitud del público hacia la figura que ha convertido en chivo expiatorio, consista en un «odio y divinización ambivalentes». Martín-Santos sugiere que incluso aquellos españoles que no aceptaron a Franco como su mesías, contribuyeron a su poder, al suponerle responsable de su destino.

La corrida de toros sirve para neutralizar los deseos de venganza del público. La novela termina con un acto de venganza, al matar Cartucho a Dorita. El éxito de Cartucho en llevar a cabo su proyecto de venganza se contrasta con el impotente «resentimiento de desposeído» de Pedro. Sin embargo, la venganza de Cartucho no constituye un acto de rebelión, ya que él también sacrifica a un chivo expiatorio inocente, en vez de castigar al poder superior culpable. La persona a la que Cartucho debía acometer es, desde luego, el Muecas, padre de la horda primitiva. Cartucho tampoco consigue rebelarse, no por ser pasivo ni cobarde, sino por ser ignorante. No sabe contra quien dirigir su odio. Según lo sugiere su apodo, Cartucho representa la violencia ciega.

El análisis que hace Martín-Santos del tema del chivo expiatorio muestra cómo la autoridad hace la comedia de sacrificarse por el pueblo, para reforzar su poder. El pueblo, al no ser capaz de rebelarse, sublima su impotencia al echar la culpa de sus males a la autoridad. Pero la autoridad también convierte al individuo en chivo expiatorio, al sacrificar al ciudadano inocente. En este caso, el chivo expiatorio realmente se sacrifica. El Director del Instituto, al sacrificar a Pedro a sabiendas de que la ley le ha declarado inocente, le convierte en chivo expiatorio de la sociedad. José-Carlos Mainer hace notar que Pedro es «un personaje sacrificial»[40]. Hay que destacar que Pedro consiente en dejarse inmolar, al abandonar Madrid por un futuro estéril. Pedro se declara impotente, tanto al echar la culpa de sus males a la sociedad, como al aceptar ser chivo expiatorio: la expiación necesariamente confirma la impotencia, al suponer que la redención se alcanza sólo mediante la concesión de la absolución por un poder superior, ante el cual hay que humillarse. Fromm hace notar que el autoritarismo se basa en la manipulación de la culpa[41]. Esto lo comprende la policía, al hacer que Pedro agradezca su perdón, de manera que se sienta todavía culpable. También lo comprende la abuela de Dorita:

esta sorprendente caída del investigador lo había de dejar listo para convertirse en el hombre de la casa y para quedar agradecido encima y para que se sintiera culpable y mirara con más respeto a la familia que [...] le había abierto de par en par las puertas de su cálido seno acogedor» (pp. 180-1).

La sociedad es un «recogeperdidos», no sólo por no permitir el individualismo, sino también por conseguir la adhesión

---

[40] Prólogo de Mainer a *Tiempo de destrucción*, p. 17.
[41] E. FROMM, *Man for Himself*, Londres, 1978, p. 155.

del individuo al declararlo «culpable». Dionisio Ridruejo sugiere que el franquismo toleró abiertamente la corrupción y el estraperlo, para conseguir la lealtad de los culpables:

El nuevo poder había descubierto algo mucho mejor que la represión y la discriminación, algo que serviría no sólo para aplastar el enemigo, sino para prevenir las defecciones o exigencias de los amigos y llevar al país a una vergonzosa y culpable conciencia de «todos somos unos», fundada en la culpabilidad cuando no en el agradecimiento[42].

Tiempo de silencio muestra cómo la sociedad franquista incita al individuo a la complicidad, para que se humille ante la autoridad al optar por la expiación.

El tema de la manipulación política de la culpa a través de la expiación había preocupado a Sartre, en su obra de teatro *Les Mouches*, escrita bajo la ocupación nazi. Quizá Martín-Santos confunde los mitos de Orestes y Edipo por pensar en la obra de Sartre, que se basa en el mito de Orestes. En *Les Mouches*, Egisto consigue el poder absoluto al unir al pueblo de Argos en una interminable ceremonia de expiación por el asesinato de Agamenón, del cual la ciudad no es culpable, sino él mismo, junto con Clitemnestra. Al aceptar la expiación, el pueblo se convierte en el chivo expiatorio del tirano, además de convertirle en el chivo expiatorio que explique todos sus males. Orestes salva a la ciudad, al matar a Egisto y Clitemnestra, y al tomar sobre sí mismo la maldición de las furias, puesto que se niega a expiar su crimen, que decidió libremente. Ser libre significa aceptar la culpa[43]. Al final de la novela, Pedro se presenta como un Orestes perseguido por «la furia de los dioses vengadores» (p. 232), pero no podría ser más diferente del Orestes de Sartre. Pedro se parece más bien a la Electra de *Les Mouches*, la cual se consuela al optar por la expiación, para librarse de la culpa. Al firmar su confesión en la cárcel, Pedro declara: «El castigo es el más perfecto consuelo para la culpa y su único posible remedio y corolario» (p. 199). Al aceptar el castigo, Pedro no acepta su culpabilidad, sino que intenta anularla.

La tendencia a optar por la expiación, para librarse de la culpa, caracteriza a Pedro desde el principio de la novela. Después de seducir a Dorita, se lava como si se bañara en el río

[42] D. RIDRUEJO, *Escrito en España*, p. 92.
[43] J.-P. SARTRE, *Les Mouches*, París, 1976, pp. 223-37.

Jordán, esperando «la voz desde lo alto explicando que éste es su hijo bien amado»[44]. También busca la purificación a través de la sangre: «el baño de sangre bajo el gran ídolo de los sacrificios» (p. 99). Pedro obtendrá su baño de sangre, con la hemorragia de Florita. En la novela, el agua y la sangre no purifican. Las sábanas recién lavadas de Nausicaa, en la *Odisea*, se convierten en la sábana manchada de sangre, sobre la cual se muere Florita (p. 102). El océano de Madrid no es un río Jordán, sino un mar muerto[45]. Al buscar la purificación, la sociedad española ha optado por la creencia fatalista de que sólo un poder externo la puede redimir: «como si una maldición los persiguiera y sólo la negra y fresca noche pudiera limpiarles del mismo modo que limpia el océano» (p. 92). Los cuadros del pintor alemán, obsesionado por la culpa, son mejores que los desnudos rosados de su compañero español, pero tampoco ofrecen una solución, al reflejar «una desesperación colectiva en la que el padecer infinitos sufrimientos se acompañara de la conciencia de la estricta justicia con que habían sido merecidos» (p. 73). Desde el punto de vista del pintor alemán, tales sufrimientos no constituyen un castigo justo, puesto que es judío. La expiación consiste en la autoimposición de un castigo no merecido, de manera que la magnitud del castigo cancele el crimen. Pedro se consuela de la injusticia del hecho de que «no siempre el que la hace [...] la paga» (p. 233), pensando que la culpa se purga a través de un sufrimiento mayor de lo que merece. El «orden radiante» de la sociedad franquista se funda en la falsa simetría expiatoria –representada en el martirio de San Lorenzo– según la cual el castigo de la víctima inocente anula la culpa colectiva. La sección penúltima de la novela, dedicada al tema de la relación desproporcionada entre culpa y castigo, vincula la penitencia de Pedro con el «pecado original» de la Cava que, según la leyenda, originó la maldición que aflige a la história española, provocando la invasión árabe. La segunda novela de Martín-Santos, *Tiempo de destrucción*, había de terminar con la muerte de Agustín en un aquelarre, que intentara expiar la maldición de la historia española[46]. López Ibor justificó la guerra civil, por expiar las desviaciones de la historia nacional:

---

[44] Esta cita forma parte de una frase omitida en la p. 99 de la novela, y que ahora aparece en la p. 121 de la edición definitiva de 1980.

[45] Otra referencia a la frase omitida en la p. 99 de la novela.

[46] *Tiempo de destrucción*, pp. 482-3.

Así, el español, en esta terrible purificación de la guerra, se ha podido purificar como pueblo y como destino, y tras la noche oscura de una vida sin profundidad, entregado a remediar su necesidad cotidiana, ha sentido la iluminación de su propia esencia[47].

Martín-Santos sugiere que, al optar por la expiación, España ha destruido sus posibilidades, convirtiendo el futuro en una penitencia por los fracasos del pasado. La expiación constituye un «desvivirse», al intentar deshacerse de la culpa.

También existe un tercer tipo de chivo expiatorio: la transferencia de la culpa, no a un ente externo, sino a una parte de sí misma no reconocida como tal. El concepto del chivo expiatorio interno ha sido desarrollado por el psiquiatra existencial Igor Caruso, cuya obra Martín-Santos conocía. Lo que Caruso entiende por chivo expiatorio interno es la invención de una culpa falsa, que desvíe la atención de la culpa verdadera que el neurótico no quiere reconocer[48]. Pedro no inventa una culpa falsa, pero crea una disociación parecida, al atribuir la culpa de sus actos a un «tú» que no quiere reconocer como parte de su «yo». El psicoanalista jungiano Erich Neumann sugiere que el chivo expiatorio se relaciona con la máscara social, que funciona como una proyección hacia fuera de aquella parte de sí mismo que es culpable[49]. La sociedad de *Tiempo de silencio* recurre a la máscara social, no sólo para manipular a los demás, sino también para echar la culpa a un ente externo. Lo que interesa principalmente a Caruso es el corolario de esta transferencia interna de la culpa: la negación de aquella parte de sí mismo de la cual uno se avergüenza. Esto Caruso lo denomina «angelismo»: la pretensión del autodominio total, de manera que los actos vergonzosos que uno comete sólo se explican como obra de una fuerza ajena. Caruso hace observar que el angelismo caracteriza el pensamiento totalitario[50]. En *Libertad, temporalidad y transferencia*, Martín-Santos señala que, antes de curarse, el neurótico tiene que aceptar que no es un ángel:

El neurótico debe adaptarse a la baja realidad de la existencia encarnada. Se trata de algo semejante a lo que Jung alude cuando se refiere al reconocimiento de la «sombra». El existente ha de hacerse consciente de su natu-

[47] J. J. López Ibor, *El español y su complejo de inferioridad*, p. 110.
[48] I. Caruso, *Existential Psychology*, pp. 33-8.
[49] E. Neumann, *Depth Psychology and a New Ethic*, Londres, 1969, cap. II.
[50] I. Caruso, *Existential Psychology*, p. 63.

raleza no angélica y aceptar como real la instintividad que antes se expresaba exclusivamente en las relaciones objetales, pero que no afloraba a planos más conscientes.

Martín-Santos acusa al psicoanálisis freudiano de angelismo, por sugerir que el neurótico es víctima de fuerzas ajenas; pero también advierte que el psiquiatra existencial que no admita la teoría freudiana de lo inconsciente, corre el riesgo del angelismo, al negar la existencia de los instintos negativos. Martín-Santos insiste en que el neurótico debe aceptar la existencia dentro de sí del mal, para responsabilizarse de él y modificar su conducta: «Debe alcanzar a verse tal cual es en su libre devenir culpable y, por ello mismo, redimible»[51].

Al huir del «infierno» de las chabolas, Pedro intenta ignorar, no sólo el inframundo de miseria que existe detrás de la fachada del consumismo de la ciudad, sino también su propio «infierno» irracional. Su noche sabática le hunde en los bajos fondos de su propio ser, al llevarle por un confuso laberinto instintual que va desde el Eros (Dorita) al Thanatos (Florita). Muecas es el mensajero de un mundo de pesadilla, donde «los rostros se deformaran y llegaran a tomar el aspecto bestial e hinchado de los fantasmas que aparecen en nuestros sueños y de los que ingenuamente suponemos que no existen» (p. 45). Al huir de este mundo de pesadilla, Pedro huye del descubrimiento dentro de sí de unos impulsos oscuros, que amenazan con destruir la imagen «angélica» que tiene de sí mismo, en cuanto intelectual racional. Los vanos intentos de Pedro de escapar a su mundo irracional, están representados simbólicamente en su perseguimiento por Cartucho, el «hombre vestido de negro», que habita una cueva (p. 117). Cartucho sigue los pasos de Pedro por todo Madrid, como si fuera su sombra. Efectivamente, Cartucho es la «sombra» de Pedro, en el sentido jungiano de la palabra, al que Martín-Santos alude en la cita anterior. Cartucho representa no sólo la siniestra realidad de la frustración social, sino también las oscuras pasiones que habitan los bajos fondos de la naturaleza humana. Esta interpretación simbólica del papel de Cartucho explica por qué la novela termina con su venganza: los intentos de Pedro de huir de sus impulsos instintuales, le hacen sucumbir a su violencia. La venganza de Cartucho demuestra que el hombre no ignora

---

[51] *Libertad, temporalidad y transferencia*, pp. 116, 215.

impunemente la parte inconsciente de su ser. Pedro no ve a Cartucho ni una sola vez en la novela, ni siquiera al vengarse éste. Es por no encararse nunca con su inconsciente, que Pedro no saca provecho de sus experiencias. Al no reconocer su motivación instintual, no le queda más remedio que aceptar el castigo, para apoyar su creencia de que su vida está controlada por una fuerza ajena. Cuando Pedro reflexiona que «el hombre no tiene nada de ángel», no se da cuenta de la transcendencia de sus palabras. Pedro no es el «ángel de la anunciación» que las mujeres de la pensión quieren ver en él, sino una «lamentable imagen de la condición humana y no divina que nuestros primeros padres nos legaron» (p. 117). La condición humana no es angélica, sino culpable.

El vientre materno se asocia en la novela con el infierno, no sólo porque el incesto es una forma de castración, sino también porque el vientre materno simboliza lo inconsciente, que constituye una zona subterránea de culpa. El intento incestuoso de regresar al vientre materno no protege al hombre de los peligros del existir, sino que le expone a los impulsos oscuros que, desde dentro de sí mismo, buscan su perdición. Martín-Santos censura a Pedro por sus tendencias incestuosas. Pero le censura, no tanto por emprender el viaje a lo inconsciente, como por no reconocer que éste es una zona infernal, y no un vientre materno protector. Pedro es culpable del angelismo, al cegarse ante los peligros nocturnos. Sus repetidos descensos al infierno demuestran que los intentos del hombre de evadirse de la fuente de su culpabilidad, sólo le conducen nuevamente a ella.

Jung insiste en la necesidad de reconocer la «sombra», porque, para él, lo inconsciente constituye una fuente de sabiduría, de la cual el hombre moderno se ha enajenado. Juan Villegas ensaya una interpretación junguiana de los descensos al infierno de Pedro, que, según él, representan la búsqueda de la regeneración espiritual, mediante la sumersión en lo inconsciente. Villegas reconoce que Pedro no encuentra la regeneración, pero opina que el contacto con su inconsciente le enseña a entenderse a sí mismo [52]. Esta interpretación es insostenible. En primer lugar, porque, al final de la novela, Pedro permanece ciego a sus impulsos instintuales. Y, en segundo lugar, por-

---

[52] J. VILLEGAS, *La estructura mítica del héroe*, Barcelona, 1973, pp. 218, 226, 229.

que Martín-Santos considera que lo inconsciente es regresivo y destructivo: de ahí que lo describa no sólo como un mundo subterráneo, sino explícitamente como un infierno. Por la misma razón, al utilizar la imagen del océano, símbolo tradicional de lo inconsciente, lo describe como una zona peligrosa, poblada de náufragos, pulpos y sirenas. El concepto de lo inconsciente que profesa Martín-Santos no es el jungiano, sino el existencial, según el cual los instintos son negativos. Pero la psiquiatría existencial sí concurre con Jung, al creer que la represión no es necesaria a la sociedad. Martín-Santos bien pudo conocer la obra del psicoanalista jungiano Erich Neumann, cuyos libros –al igual que los de Fromm– fueron conocidos en España. En su libro *Depth Psychology and a New Ethic*, publicado en 1949 y traducido al español en 1959, Neumann intenta un análisis del nazismo en términos del complejo de Edipo, que complementa el llevado a cabo por Fromm en *The Fear of Freedom*. El libro primordial de Neumann, *The Origin and History of Consciousness*, publicado en el mismo año, también se dedica a desarrollar un análisis del complejo de Edipo.

En *The Origin and History of Consciousness*, Neumann sugiere que el complejo de Edipo pasa por varias etapas, las cuales abarcan todo el período que va desde la infancia a la madurez. Según Neumann, el retorno incestuoso al vientre materno representa el viaje a lo inconsciente. Neumann discrepa de Jung, al subrayar el aspecto destructivo de lo inconsciente. Para Neumann, la madurez se alcanza al emprender conscientemente el viaje a lo inconsciente, para vencer su atracción regresiva. Al mismo tiempo, según Neumann, el adolescente debe rechazar la autoridad paterna. Para Neumann, las obsesiones materna y paterna, que constituyen el complejo de Edipo, representan la necesidad de vencer el mundo interior y exterior respectivamente. Pedro se muestra incapaz de vencer el mundo exterior. Sus repetidos descensos al infierno demuestran que tampoco es capaz de vencer sus demonios interiores. Neumann diferencia este tipo de «incesto activo», que marca el paso de la adolescencia a la madurez, de dos etapas incestuosas anteriores, las cuales son negativas. La primera, la denomina el «incesto urovórico»: el refugio pasivo del niño en el vientre materno, en busca de protección y placer. La segunda, la denomina el «incesto matriarcal»: en esta etapa, el niño experimenta la vuelta al vientre materno como una castración[53]. Las regresiones incestuosas de Pedro constituyen una combinación de estas dos etapas infantiles. La novela contiene una referencia irónica al uróvoros –la serpiente que se come a sí misma– con la «pescadilla mordiéndose la cola», que Pedro cena en la pensión (p. 60). Según Neumann, Edipo no fue un héroe auténtico, porque su incesto no fue consciente. Por lo tanto, Edipo no supo vencer su complejo de Edipo. Neumann rechaza la interpretación tradicional del final del mito de Edipo, según la cual la ceguera que éste se inflige representa una nueva sabiduría interior. Para Neumann, la ceguera final de Edipo representa más bien su intento de ignorar su culpabilidad[54]. Esta interpretación encaja mejor con el final de *Tiempo de silencio:* Pedro también se castra para no tener que enfrentarse con la zona infernal de sus instintos.

En su análisis del nazismo, Neumann sugiere que el fascismo fue el precio que el hombre de occidente tuvo que pagar por no haber sabido emprender el viaje consciente a lo inconsciente, para vencer sus peligros. El fascismo constituye la venganza de los demonios interiores del hombre. Según Neumann, el intento de ignorar los impulsos destructivos de lo inconsciente lleva a su proyección sobre la «sombra», que se reprime a su vez, al proyectarse sobre el mundo exterior bajo la forma del chivo expiatorio. Neumann propugna un nuevo humanismo, basado en el reconocimiento del mal, ya que el hombre sólo puede aprender la tolerancia para con los demás, al reconocer sus propios demonios interiores[55]. En *Tiempo de silencio*, Martín-Santos propugna asimismo la tolerancia que nace de la humildad. El ejemplo de Pedro demuestra que el hombre sólo puede aceptarse a sí mismo, y por lo tanto a los demás, al librarse de la ilusión de ser una criatura racional superior. Pedro evade su responsabilidad personal y social, al ignorar a Cartucho, símbolo doble de sus impulsos destructivos y del mundo degradado de la miseria. La ciudad entera se empeña en ignorar el inframundo violento de las chabolas, para mantener la ilusión de constituir un «orden radiante». Al pretender que «no está tan mal todo lo que verdaderamente

---

[53] E. NEUMANN, *The Origin and History of Consciousness*, Princeton, 1970, pp. 154, 380, 156.

[54] E. NEUMANN, *The Origin and History of Consciousness*, p. 162.

[55] E. NEUMANN, *Depth Psychology and a New Ethic*, p. 97 y cap. II en general.

está muy mal», la sociedad franquista se niega a admitir la existencia, no sólo del mal exterior, sino también del mal interior.

El psicoanálisis de la sociedad franquista que Martín-Santos lleva a cabo en su novela, obedece a una dialéctica circular tanto o más compleja que la de Sartre. Martín-Santos sugiere que el español, por sentirse impotente, se deja castrar por la autoridad, y así confirma su impotencia. El miedo al fracaso lleva al fracaso. El complejo de inferioridad crea la inferioridad. Martín-Santos enriquece el análisis sartriano de la dialéctica social, al añadir la nueva dimensión de lo inconsciente, que impulsa al hombre a buscar lo que más teme. Hay que destacar que, al subrayar lo negativo de los instintos, Martín-Santos no condena al hombre al fracaso. En *Libertad, temporalidad y transferencia*, Martín-Santos acepta la dialéctica circular sartriana, pero insiste en que ésta tanto puede ser productiva como contraproducente. Al ensayar un análisis dialéctico de la cura psicoanalítica, Martín-Santos diferencia dos tipos de dialéctica circular, negativo el uno y positivo el otro. El primero consiste en el círculo vicioso negativo, según el cual el intento de evadir la culpa lleva a la pretensión de ser víctima del destino, lo cual refuerza la impotencia y, con ella, el sentimiento de culpabilidad. El segundo obedece a una espiral positiva, según la cual la aceptación de la culpa lleva a la aceptación de la responsabilidad y, por lo tanto, de la libertad, lo cual disminuye la impotencia y, con ella, el sentimiento de culpabilidad. La tarea del psicoanalista consiste en hacer pasar al neurótico del primer proceso al segundo, mediante el reconocimiento de la culpa[56]. Al concluir su artículo «El plus sexual del hombre», Martín-Santos afirma su fe en la capacidad del hombre de trascender sus instintos negativos, responsabilizándose de ellos y poniendo su plus libidinal al servicio del progreso. Pero también reconoce que la novela y el cine contemporáneos dan una visión pesimista de la sociedad[57]. *Tiempo de silencio* acusa la misma combinación de pesimismo práctico y optimismo teórico. La novela hay que leerla sobre dos niveles: el teórico y el práctico. La contradicción entre teoría y práctica es lo que destruye a Pedro, pero también es lo que da a la novela su sentido. El lector sólo puede interpretar la conducta

---

[56] *Libertad, temporalidad y transferencia*, pp. 106, 115, 225-47.
[57] «El plus sexual del hombre», p. 130.

de Pedro, al medir la distancia que la separa de un ideal que traiciona. El sentido de la novela se deriva, no de lo que pasa en ella, sino del hecho de que lo que pasa en ella es lo contrario de lo que pudo, y debió, pasar. *Tiempo de silencio* es un texto dialéctico, no sólo por ofrecer un análisis dialéctico de la relación entre el individuo y la sociedad, sino también por fundarse sobre un entendimiento dialéctico de la relación entre un texto y su sentido. Martín-Santos acusa a la sociedad española de sumisión a la autoridad. Si el lector de *Tiempo de silencio* adopta una actitud sumisa a la autoridad del texto, será tan incapaz de desentrañar su sentido como Pedro lo es de desentrañar el sentido de su vida.

CAPÍTULO IV

PERSPECTIVISMO, SIMBOLISMO E IRONÍA

La obra psiquiátrica de Martín-Santos indica que uno de los problemas que más le preocupaban era el de la significación. Su formación existencial le había enseñado a rechazar las teorías biológicas de la conducta humana, por no elucidar su significado. El método preferido de la psiquiatría existencial es el del estudio fenomenológico de la percepción. Para la psiquiatría existencial, la neurosis no constituye una enfermedad física, sino que resulta de la incapacidad del neurótico de dar una interpretación adecuada a su vida. La psiquiatría existencial se interesa por la no producción del sentido, o la falsificación del sentido. El objetivo de la cura consiste en dar un nuevo sentido a la vida del neurótico. Al suponer que la psicoterapia es una técnica hermenéutica, la psiquiatría existencial se aproxima más al psicoanálisis que al tratamiento médico practicado por la psiquiatría ortodoxa. Por eso, a pesar de no admitir la existencia de lo inconsciente, Sartre prefiere hablar del «psicoanálisis existencial», término que también prefiere Martín-Santos.

El psicoanálisis y la literatura tienen una afinidad natural, al funcionar los dos a través del lenguaje. La obra psiquiátrica primordial de Martín-Santos, *Libertad, temporalidad y transferencia*, trata de reconciliar la psiquiatría existencial con el psicoanálisis freudiano, por encontrar Martín-Santos deficiencias en la teoría hermenéutica de cada uno[1]. Según Martín-Santos,

---

[1] *Libertad, temporalidad y transferencia*, p. 47.

la descripción fenomenológica practicada por la psiquiatría existencial carece de profundidad, por concentrarse exclusivamente en la percepción consciente; el aporte más valioso de la psiquiatría existencial consiste en su definición de la significación en términos de fines, y no de causas. Martín-Santos no puede aceptar la teoría causal de la significación que caracteriza el psicoanálisis freudiano; pero encuentra de un valor inestimable su preocupación por el significado profundo de lo inconsciente. Según Martín-Santos, el aporte principal de Freud consiste en haber demostrado el valor simbólico del lenguaje, al operar sobre dos niveles: uno consciente y otro inconsciente. Para Martín-Santos, el símbolo no es síntoma superficial de una causa biológica profunda, sino manifestación consciente del proyecto inconsciente. El lenguaje es la expresión simbólica del deseo, en su acepción existencial de una «voluntad inconsciente de ser». Al definir el significado en términos de fines, y no de causas, Martín-Santos rechaza la tendencia freudiana a dar un significado fijo al símbolo individual. Para Martín-Santos, el símbolo no tiene un significado inherente, sino que constituye el intento de crear un significado orientado hacia el contexto presente[2].

Al rechazar el concepto del significado inherente, Martín-Santos se mantiene fiel al concepto sartriano de lo absurdo, según el cual el mundo es absurdo por no tener un significado esencial, sino sólo aquel significado que el hombre proyecta sobre él. Al residir el significado, no en el objeto, sino en la mente del espectador, sólo se puede definir en términos subjetivos. Esto crea un problema importante: si el significado no tiene definición objetiva, ¿cómo distinguir lo verdadero de lo falso? En *Libertad, temporalidad y transferencia*, Martín-Santos reconoce este problema, y sugiere que la única manera de medir objetivamente la validez de una idea consiste en averiguar si, en la práctica, es útil al individuo que la profesa. Martín-Santos admite que esto conlleva el riesgo de aceptar como válida una idea que es irracional; pero también alega que lo irracional no es útil, ya que es autodestructivo. Lo irracional se define como la falsificación del significado, para evitar la conciencia de lo que el individuo percibe, subjetivamente, como una verdad desagradable[3]. En su artículo sobre Sartre de

---

[2] *Libertad, temporalidad y transferencia*, pp. 49-50 y *passim*.
[3] *Libertad, temporalidad y transferencia*, pp. 226-8.

1950, Martín-Santos señala que el proyecto existencial fácilmente sucumbe a la mala fe, puesto que ambos constituyen una búsqueda del significado. Pero se trata de dos tipos de significado diferentes. Según Martín-Santos, el proyecto es el intento de crear un «valor», que dé sentido al futuro. En cambio, la mala fe es la búsqueda del significado esencial[4]. La mala fe, y también lo inconsciente, se empeñan en probar que el mundo es «sólido», por estar «llenos» los objetos de significado. Lo irracional —sea éste consciente o inconsciente— consiste en el intento de negar la inseguridad de un mundo que carece de significado esencial.

De hecho, los conceptos de «esencia» y «significado» son incompatibles. Los objetos tienen una esencia, pero ésta no constituye un significado. Para citar el ejemplo de Sartre en *La Nausée*: la esencia de un árbol es el «ser árbol», lo cual es una definición, pero no un significado. El roble de Roquentin es «sólido» («massif») en el sentido de poseer una definición esencial; pero la solidez de esta esencia, que no significa nada, se opone a los intentos de Roquentin de darle un significado[5]. El hombre sólo puede dar un significado al mundo, por no poseer éste un significado esencial; pero aquel significado nunca será «sólido», por depender del reconocimiento de la no significación. La significación siempre es ambigua y relativa, porque, al no ser inherente, es susceptible al cambio. Efectivamente, Martín-Santos indica que significación y cambio son la misma cosa: el neurótico no interpreta su vida para cambiar, sino que el aprender a interpretar su vida le hace cambiar[6].

La teoría del realismo literario conlleva la creencia en el significado esencial, al suponer que el texto deriva su significado del significado «original» de la realidad que «imita». En este sentido, realismo y determinismo se complementan, al basarse sobre la explicación causal. Martín-Santos rompe con el realismo, no sólo al rechazar el determinismo, sino también al rechazar el concepto del significado esencial. Uno de los problemas del realismo social español de los años 50 consistía en la contradicción entre la denuncia de la injusticia por parte del narrador, y la aceptación realista del significado esencial del mundo, la cual —al suponer que las cosas tienen un signifi-

---

4 «El psicoanálisis existencial de Jean-Paul Sartre», pp. 168-70.
5 *La Nausée*, pp. 178-81.
6 *Libertad, temporalidad y transferencia*, p. 233.

cado por el hecho de ser lo que son, y que, por lo tanto, se justifican– necesariamente es conservadora. Al darse cuenta de la contradicción entre la voz subjetiva del narrador y la intención realista del autor, el crítico José María Castellet (en *La hora del lector*) y el novelista Juan Goytisolo (en *Problemas de la novela*) empezaron a propugnar el objetivismo: la eliminación de la voz del narrador, de modo que la realidad «revelara» sus defectos directamente al lector[7]. Aquello fue un error, ya que el realismo social era deficiente, no por dar el narrador una interpretación política de la realidad, sino por suponer que el texto «refleja» un significado que existe «en» las cosas. Sin la ayuda de un narrador que la interprete, la realidad no «revela» nada. Los escritores españoles esperaban que el lector diera su propia interpretación política al texto, pero, al suprimir la voz del narrador, le ofrecían un texto que sí reflejaba la realidad, pero que carecía de significado. Al propugnar el objetivismo como un método de expresar la crítica social sin la intervención del narrador, los escritores españoles crearon una contradicción peor que la que intentaban resolver. El objetivismo, tal como se entendió en España, representaba el intento de expresar la crítica social al no expresar la crítica social. Esto puede haber servido para despistar al censor, pero el lector tampoco encontraba un significado en el texto.

Los escritores españoles tomaron la teoría del objetivismo de los nuevos novelistas franceses, quienes la habían desarrollado para describir un mundo desprovisto de significado. Los nuevos novelistas franceses aceptan que el texto literario representa la realidad, pero, por eso mismo, concluyen que, si la realidad no tiene sentido, tampoco lo tiene el texto. En *Pour un nouveau roman*, Robbe-Grillet denunció el «mito de la profundidad», según el cual las cosas «contienen» un sentido «profundo». Según Robbe-Grillet, el escritor debe limitarse a la descripción objetiva –a través del análisis fenomenológico de la percepción– de la superficie visual de las cosas, ya que cualquier intento de interpretar el mundo lo falsifica[8]. Robbe-Grillet sostuvo una célebre polémica con Sartre, por creer éste que el compromiso social del escritor consiste en dar sentido al mundo. Robbe-Grillet rechaza el compromiso social, al

---

[7] J. M.ª CASTELLET, *La hora del lector*, Barcelona, 1957; y J. GOYTISOLO, *Problemas de la novela*, Barcelona, 1959.

[8] A. ROBBE-GRILLET, *Pour un nouveau roman*, París, 1972, pp. 17-27.

creer que es posible captar la esencia de la realidad, pero no su significado. Los nuevos novelistas franceses llegan a la curiosa conclusión de que el lenguaje representa la realidad, pero no significa nada.

Martín-Santos denunció la nueva novela francesa, por «estéril y preciosista»[9]. Ya hemos visto cómo calificó de superficial a la psiquiatría existencial, por limitarse al análisis fenomenológico de la percepción. En lo que originalmente había de ser el primer párrafo de *Tiempo de destrucción*, Martín-Santos parodia el objetivismo. El narrador, contraviniendo expresamente la doctrina objetivista, interrumpe la descripción de los acontecimientos para señalar al lector: «(Acabo de elegir como técnica de narración la objetivista)». Este párrafo fue modificado posteriormente, y aparece en el segundo capítulo de la versión publicada por José-Carlos Mainer, en la forma siguiente: «y espera hasta que, tras un lapso de espera (que la descripción objetiva no puede precisar si es debido a deliberación, a duda o sorpresa)»[10]. Con esto, Martín-Santos indica que el objetivismo es deficiente, al no servir para explicar la motivación profunda de los personajes, ni para indicar al lector cómo ha de interpretar un espacio «vacío» como lo es una espera. En *Tiempo de silencio*, la intromisión constante del narrador a través de un estilo retórico, constituye una ruptura violenta con el objetivismo. Al igual que los nuevos novelistas franceses, Martín-Santos reconoce la incompatibilidad de esencia y significado, pero opta por el significado. *Tiempo de silencio* se basa sobre la suposición de que es posible decir lo que la realidad significa, pero no lo que es. El lenguaje no representa la realidad, pero sí significa algo. Fernando Morán señala que la novela se preocupa menos de describir la realidad que de mostrar su sentido[11].

Los escritores españoles de los años 50 se equivocaron al considerar a Sartre como apóstol del realismo social, no sólo por oponerse éste a las explicaciones deterministas, sino también porque nadie era más consciente que él de la resistencia del mundo al significado. De ahí que, para Sartre, la máxima tarea del escritor fuera la de dar un significado al

[9] J. W. DÍAZ, «Luis Martín-Santos and the Contemporary Spanish Novel», p. 237.

[10] *Apólogos*, p.155; y *Tiempo de destrucción*, p. 56.

[11] F. MORÁN, *Novela y semidesarrollo*, p. 382.

mundo. En *L'Idiot de la famille*, Sartre hace un análisis brillante de la búsqueda por parte de Flaubert de un lenguaje que expresara el «silencio» de un mundo que se negara a «hablar» al hombre: «Le style c'est le silence du discours, le silence dans le discours, le but imaginaire et secret de la parole écrite»[12]. Al igual que Sartre, Martín-Santos es consciente de la necesidad de crear un lenguaje que hable a través del silencio. Pero Martín-Santos discrepa con Sartre sobre un punto fundamental. No obstante su entendimiento de la resistencia de la realidad a la significación, Sartre se obstinó en la tarea imposible de crear el sentido a través de un lenguaje transparente, que reflejara directamente las cosas. Martín-Santos se da cuenta de que el lenguaje nunca puede ser reflejo directo de la realidad, ya que, al ser la manifestación de una actitud hacia ella, siempre conlleva un elemento de falsificación. Para Martín-Santos, el significado hay que buscarlo, no sólo en el silencio que hay por entremedio de las palabras (lo que no alcanzan a expresar), sino también en el silencio que hay por debajo de ellas (lo que no quieren expresar). El lenguaje no puede ser transparente, porque su sentido consiste menos en lo que quiere decir, que en lo que no quiere decir. Este sentido oculto sólo se puede revelar al lector mediante el uso de un estilo retórico, que hable más a través de lo que insinúa implícitamente, que a través de lo que dice explícitamente. Ortega —aquí más consecuente que Sartre— recomendó la claridad estilística para crear un arte «puro», «intranscendente» y «deshumanizado»[13]. Martín-Santos rechaza la claridad y opta por la retórica, porque, para él, la novela no es un arte puro, sino —como toda retórica— un «arte de persuadir».

Martín-Santos utiliza la retórica en dos sentidos opuestos. Por un lado, intenta describir la realidad tal como es, pero lo que describe es la no realidad de la escasez o de la frustración de las posibilidades. Por otro lado, utiliza el lenguaje para dar una versión falsificada de la realidad, en términos de lo que no es. En los dos casos, lo que se describe es una presencia aparente que se refiere a una ausencia. La tarea del lector consiste en llenar esta ausencia de sentido. El significado de la novela nace de la interrelación dialéctica entre lo que se describe o se dice, y lo que no se describe o no se dice. El signifi-

---

[12] J.-P. SARTRE, *L'Idiot de la famille*, tomo II, París, 1971, pp. 1617-8.
[13] J. ORTEGA Y GASSET, *La deshumanización del arte*, 10.ª ed., Madrid, 1970.

cado no es inherente al texto, sino que lo agrega el lector. Esto no significa que el lector pueda interpretar la novela a su gusto. Al contrario, el narrador maneja su interpretación a través de su uso de figuras retóricas que indican que el texto no es de fiar, ya que no da una representación completa o fiel de la realidad. El lector es libre de interpretar el texto, sólo en el sentido de que no es libre de no interpretarlo según las indicaciones del narrador. Casi todas las discrepancias críticas que se han producido con respecto al sentido de la novela son el resultado de una lectura inatenta, que ve sólo el significado literal del texto y no se fija en el significado implícito.

El significado del texto es dialéctico, al ser producto del juego de distintos niveles de sentido. Al igual que ocurre con el análisis de la relación entre sociedad e individuo, este juego dialéctico resulta, no del conflicto entre dos fuerzas opuestas, sino de la interrelación contradictoria de dos contradicciones diferentes. El significado de la novela nace de la yuxtaposición de la contradicción entre teoría y práctica con la contradicción entre verdad y mala fe[14]. Estas dos contradicciones funcionan en sentido inverso, ya que el término que se opone a la realidad consiste, en el primer caso, en lo que no existe pero debería existir (teoría), y, en el segundo caso, en lo que existe pero no debería existir (mala fe). El significado literal del texto niega la teoría y afirma la mala fe. Pero su significado implícito demuestra la validez de la teoría y la falsedad de la mala fe. La descripción de la mala fe es claramente irónica, ya que depende de la contradicción entre significado aparente y significado profundo. Pero la descripción de la escasez y de la frustración de las posibilidades también es irónica, al depender de la contradicción entre teoría y práctica. Se trata de dos tipos de ironía: ironía verbal (cuando las palabras dicen una cosa pero significan otra) e ironía situacional (cuando las cosas resultan ser lo contrario de lo que se pensaba o se esperaba). La ironía da una segunda dimensión al texto. La ironía también hace de *Tiempo de silencio* una novela realista y no realista a la vez. La ironía apoya el realismo, al ser una técnica de desengaño; pero se opone al realismo, al minar la «solidez» del texto. Sin duda es por su uso de la ironía que Martín-Santos admira a Cervantes.

---

14 TALAHITE (en *«Tiempo de silencio» de Martín-Santos*, pp. 239, 305) señala que la novela se basa sobre las dicotomías «teoría»/«práctica» y «encubrir»/«descubrir».

Al utilizar el lenguaje para referirse a algo que está por encima o por debajo de las palabras, Martín-Santos puede sugerir la necesidad –y la posibilidad– de que la realidad sea de otra manera. A pesar de rechazar el lenguaje transparente, Martín-Santos no abandona el realismo del todo, ya que se refiere al mundo real: Alfonso Rey hace notar que la novela alude constantemente a la realidad extraliteraria de la topografía madrileña y la historia nacional[15]. Pero el significado de este mundo extraliterario al que la novela hace referencia, nace, no de lo que es, sino del abismo que lo separa de lo que pudo ser o de lo que se dice de él. El significado surge de una zona indeterminada que se sitúa más allá de las palabras, en las realidades alternativas y ocultas a las cuales el texto alude. El texto es dialéctico en el mismo sentido en que lo es el pensamiento dialéctico propugnado por Herbert Marcuse, para combatir el pensamiento «unidimensional», que sólo explica el mundo tal como es, sin sugerir la posibilidad de que sea de otra manera[16]. Para Martín-Santos, el lenguaje es una fuente de significación, por servir más para describir lo que no es, que lo que es. La única definición que se puede dar del significado de la realidad es la de «no ser» lo que el hombre pensó o quiso; mientras que la visión humana de la realidad no tiene más sentido que el de «no ser» lo que la realidad es. El significado de la existencia humana, y también del mundo exterior, lo constituye una ausencia.

El uso en la novela del perspectivismo hay que entenderlo en términos de este intento de crear una visión dialéctica, cuyo sentido reside en la contradicción. El episodio de la conferencia de Ortega sobre perspectivismo invita al lector a relacionar el uso del perspectivismo en la novela con la teoría orteguiana. El tono satírico del episodio, junto con la versión paródica que ocurre posteriormente en el burdel, con el tomate que doña Luisa y Pedro miran «desde diferente perspectiva» para ver si está podrido o no (p. 150), sugieren que la actitud de Martín-Santos hacia el perspectivismo orteguiano es hostil. Las teorías estéticas de Ortega –al igual que sus ideas sobre la historia– parecen coincidir, en ciertos respectos, con el existencialismo, pero de hecho son idealistas. Cuando, en *Meditaciones del Quijote*, Ortega sugiere que el significado de las co-

[15] A. REY, *Construcción y sentido*, p. 117.
[16] H. MARCUSE, *One-dimensional Man*, Londres, 1968.

sas no reside en ellas, sino en una «idea» de ellas, da la falsa impresión de anticipar la denuncia sartriana del significado esencial. Según Ortega, la «idea» de un objeto consiste en el nexo de relaciones que el hombre establece entre las varias «impresiones» o «perspectivas» que tiene de él. Ortega sugiere que el realismo –que, según él, caracteriza el arte de los países mediterráneos– no puede darnos una «idea» de la realidad, ya que nos da una sola «impresión» parcial de ella. Ortega califica al realismo de superficial, por mostrar únicamente la percepción aislada de la apariencia física del objeto. Esto Ortega lo contrasta con la preocupación «nórdica» por la «idea» o «significado profundo» de la realidad. Este significado profundo, que consiste en la suma de las múltiples impresiones o perspectivas aisladas, no representa la limitada visión subjetiva de uno o varios hombres, sino que constituye una «idea total», que trasciende la subjetividad. Para Ortega, esta «idea total» es el significado esencial del objeto. Al sugerir que el significado esencial de la realidad reside fuera de ella, en la mente humana, Ortega reivindica el idealismo. Para Ortega, «idealidad» equivale a «realidad», puesto que la «idea» nos da la esencia misma de las cosas: «Sólo la visión mediante el concepto es una visión completa; la sensación nos da únicamente la materia difusa y plasmable de cada objeto; nos da la impresión de las cosas, no las cosas». La «idea» de la realidad a la que se refiere Ortega, es una idea platónica arquetipo. En *Meditaciones del Quijote*, el ejemplo que usa para demostrar su concepto idealista del significado es, no una manzana, sino una naranja:

Pero hay sobre el pasivo ver un ver activo, que interpreta viendo y ve interpretando; un ver que es mirar. Platón supo hallar para estas visiones que son miradas una palabra divina: las llamó *ideas*. Pues, bien, la tercera dimensión de la naranja no es más que una idea, y Dios es la última dimensión de la campiña[17].

En *Tiempo de silencio*, Martín-Santos satiriza a Ortega por su idealismo: «con ochenta años de idealismo europeo a sus espaldas» (p. 133). El uso del perspectivismo en la novela representa una crítica de las teorías estéticas orteguianas. Martín-Santos concurre con Ortega al creer que lo importante no

17 J. ORTEGA Y GASSET, *Meditaciones del Quijote*, pp. 70, 78, 51.

son las dimensiones físicas del objeto, sino su significado, y que este significado reside en la mente humana. Pero para Martín-Santos, al no residir el significado en el objeto, aquél no puede ser esencial, ya que siempre es un «significado para alguien». Al igual que la nueva novela francesa, Ortega estuvo influido por la fenomenología, según la cual la realidad sólo puede ser entendida a través de la percepción. La fenomenología que influye a Ortega y a Robbe-Grillet es la husserliana, que cree en la posibilidad de llegar, a través de la percepción, a un conocimiento objetivo de la realidad. En *Libertad, temporalidad y transferencia*, Martín-Santos rechaza las pretensiones científicas de la fenomenología husserliana, y prefiere la fenomenología existencial, que estudia la relación subjetiva del individuo con su contexto. Para la psiquiatría existencial, el objetivo de la descripción fenomenológica es el conocimiento, no del «contenido» de la percepción, sino de su «sentido», que siempre es subjetivo. Ya en su tesis doctoral sobre la hermenéutica de Dilthey y Jaspers, Martín-Santos insiste en que la descripción externa es insuficiente, ya que no capta el sentido que la experiencia tiene para el sujeto individual. Para Martín-Santos, no basta que el psiquiatra describa los estados de ánimo del neurótico; también tiene que interpretarlos: «Esto nos conduce al reconocimiento de que toda comprensión representa una interpretación (Deutung), es decir, un arte más que una técnica». En *Libertad, temporalidad y transferencia*, Martín-Santos va más lejos en su rechazo de la base objetiva de la fenomenología, al insistir en que la descripción de la percepción tiene que tomar en cuenta la mala fe, que pone en duda su veracidad. Al creer que la fenomenología es un arte más que una ciencia, Martín-Santos no encuentra dificultad en reconciliar la práctica fenomenológica con la hipótesis no científica –según él mismo reconoce– de lo inconsciente[18].

Las descripciones que aparecen en *Tiempo de silencio* dan muestra de la familiaridad de Martín-Santos con la fenomenología existencial. Las situaciones se describen siempre a través de la percepción de los personajes. Al mismo tiempo, el narrador interviene constantemente, para interpretar la percepción de éstos. A Martín-Santos no le interesa la descripción ob-

---

[18] *Libertad, temporalidad y transferencia*, pp. 33-5; y *Dilthey, Jaspers*, pp. 11, 104, 208.

jetiva de la realidad, sino su sentido para alguien. Por ejemplo, la cama de cemento de la cárcel se describe en términos de las varias perspectivas que el preso puede adoptar hacia ella. De la misma manera, la revista musical se describe en términos del efecto que produce en el público. La influencia fenomenológica se ve claramente en la descripción de la vuelta de Pedro a la pensión (pp. 92-4). La escena empieza con los múltiples aspectos del estado de ánimo de Pedro: «Pensando [...] Deseando [...] Temiendo [...] Afirmando [...] Interrogando [...]». Sigue con su entrada en la casa, presentada, no a través de sus actos, sino de sus intenciones: «Hay que subir las escaleras [...] Hay que tantear la pared [...] Hay que reflexionar [...] Hay que abstenerse [...] Hay finalmente que entrar [...]». Termina con los deseos inconscientes de Pedro: su visión arquetípica del cuerpo desnudo de Dorita. Con esto, Martín-Santos sugiere la necesidad de suplementar la descripción existencial de la percepción consciente con el análisis psicoanalítico de los impulsos instintuales.

Al describir la situación desde la múltiple perspectiva de los varios personajes, Martín-Santos no intenta crear una «idea total» orteguiana, que trascienda las limitaciones de la perspectiva individual, sino demostrar que el significado de la situación reside en la contradicción entre las varias interpretaciones erróneas. El uso del perspectivismo crea una visión polifacética de Madrid, que subraya el abismo que separa un sector social de otro. Para Martín-Santos, la realidad es multidimensional por ser irreconciliables las diferentes perspectivas. Con su manzana, Ortega quiere demostrar la unidad esencial del objeto que se ve desde distintas perspectivas: «Sin embargo [...] es la misma manzana» (p. 113). Con el ejemplo del tomate, Martín-Santos señala que doña Luisa y Pedro ven la situación desde perspectivas opuestas. Del mismo modo, Martín-Santos crea una visión multidimensional de los personajes, cuya identidad consiste en sus contradicciones internas y en la contradicción entre las varias perspectivas que tienen de ellos los demás. Al presentar a Pedro desde las múltiples perspectivas del narrador, la abuela, doña Luisa, Muecas, Amador, Matías, etc., Martín-Santos subraya su falta de definición esencial. Asimismo, Pedro reconoce que no existe un Matías esencial, ya que el Matías que encuentra en la recepción para Ortega es tan real como el Matías totalmente diferente con quien estuvo en el burdel (p. 139). Las cuatro versiones que se dan del viaje por Madrid de Matías, Amador, Cartucho y Similiano señalan que el sentido de la situación consiste en las diferencias entre las cuatro perspectivas. Matías se da cuenta de que el sentido de la realidad consiste sólo en las diferencias entre los distintos elementos, al comparar el centro de Madrid con «un cuadro abstracto del que únicamente nos son accesibles las relaciones entre sus formas, sus líneas, sus espacios y sus matices cromáticos» (p. 190). Es por no saber relacionar los distintos episodios de su vida que la mujer del Muecas no sabe interpretarla. Para Ortega, la «idea» del objeto lo convierte en el «centro virtual del mundo»[19]. En *Tiempo de silencio*, no existen centros, sino sólo diferencias. En el centro mismo de Madrid, Matías descubre que sólo existe la fragmentación. La manzana de Ortega no constituye el centro de un cosmos unificado, sino que es un objeto insignificante en una teogonía de mundos totalmente separados.

La idea de que el significado reside en las diferencias entre las cosas, y no en las cosas mismas, ha sido desarrollada por Jacques Derrida. La obra de Derrida aparece después de la muerte de Martín-Santos, pero es interesante relacionar el uso del monólogo interior en *Tiempo de silencio* con las ideas de aquél sobre la relación entre el lenguaje hablado y el lenguaje escrito. Derrida critica el racionalismo occidental por suponer que el significado es una «presencia», que reside «en» las cosas o, alternativamente, «en» el sujeto que habla. Derrida sugiere que el significado no es objetivo, ni tampoco subjetivo, sino que reside en la diferencia entre objeto y sujeto. Derrida critica la lingüística por limitarse al estudio del lenguaje hablado, al suponer que éste es «puro» por manifestar directamente la «presencia» del sujeto que habla, mientras que el lenguaje escrito es «impuro» por ser una imitación indirecta del lenguaje hablado. Derrida sugiere que la función del lenguaje escrito no es imitar el lenguaje hablado; y que éste, tanto como aquél, se funda en la «ausencia», ya que todo lenguaje se basa en la percepción de las diferencias. Derrida desmiente el mito de la «naturalidad» del lenguaje hablado, y subraya el hecho de que todo lenguaje, al basarse en la percepción de las diferencias, es un producto cultural. Según Derrida, la frecuencia del uso del monólogo interior en la novela conteporánea refleja esta tendencia a creer que el lenguaje hablado es

---

[19] *Meditaciones del Quijote*, p. 62.

más «natural» que el lenguaje escrito, por dar acceso a la «presencia» del que habla[20].

Hay que destacar que, en *Tiempo de silencio*, el uso del monólogo interior pocas veces es natural. La dislocación gramatical de las primeras palabras de la novela –«Sonaba el teléfono y he oído el timbre»– indica, desde el principio, que esto no es lenguaje hablado, sino lenguaje escrito. Las palabras no nos dan un acceso directo a la presencia de Pedro, que las dice, sino que están mediatizadas a través de un narrador ausente. La falta de naturalidad aumenta a medida que avanza el monólogo, con el uso de un estilo retórico, lleno de inversiones sintácticas, que no usaría para expresar sus pensamientos íntimos el más pedante. Los recursos estilísticos incluyen el uso de neologismos cuyo efecto es tipográfico, como, por ejemplo, «mideluésticas» (p. 9). Desde el punto de vista de Pedro, el monólogo es innecesario, ya que él no tiene por qué contarse a sí mismo lo que ya conoce del Instituto. Pedro no se habla a sí mismo, sino que el narrador, ausente, le utiliza como pretexto para dirigirse al lector, igualmente ausente. El carácter artificial del monólogo se subraya al final, al contrastarse con el diálogo de Pedro con Amador, cuya trivialidad lo califica inmediatamente de lenguaje hablado. Se ha comparado frecuentemente a *Tiempo de silencio* con el *Ulysses* de Joyce, entre otras cosas por su uso del monólogo interior. Juan Benet señala que, en *Ulysses*, el uso del «stream-of-consciousness» demuestra que el lenguaje «natural» es, en general, trivial[21]. Martín-Santos rechaza la descripción «natural» de los pensamientos, para convertir el monólogo interior en un vehículo retórico.

Los primeros monólogos interiores de la abuela de Dorita y de Cartucho tampoco son «naturales». Sirven para dar al lector un resumen de la vida pasada del personaje, según una ordenada secuencia cronológica, que informa al lector mucho mejor que una presentación caótica «natural». En los dos casos, el narrador ausente organiza los pensamientos contradictorios del que habla, para hacer patente su mala fe. La abuela se dirige evidentemente a un interlocutor ausente, al interrumpir sus pensamientos para decir «(como he explicado antes)» (p. 25). En estos dos casos, como en todos los monólogos

---

[20] Véase el artículo sobre Derrida de Jonathan CULLER, en *Structuralism and Since*, ed. J. Sturrock, Oxford, 1979, pp. 154-80.

[21] J. BENET, «¿Contra Joyce?», *Camp de l'Arpa*, LII (junio 1978), pp. 26-8.

interiores de la novela, no se da el nombre del que habla, de manera que las palabras parecen no pertenecer a un sujeto identificable. El lector no sabe si atribuir a Pedro o no las reflexiones sobre el cuadro de Goya y la revista musical. Esta técnica del locutor anónimo ocurre en su forma más extrema con los monólogos de Matías, Amador, Cartucho y Similiano, camino al burdel. También el uso de expresiones impersonales sirve para crear una disociación entre el lenguaje hablado y el que habla. El monólogo de Pedro en la cárcel empieza con una serie de frases sin verbo finito ni persona gramatical –«El destino fatal. La resignación. Estar aquí quieto» (p. 175)– de modo que sólo después de medio párrafo nos damos cuenta de que está hablando Pedro. El grito triunfal de la abuela después de la seducción de Dorita (p. 97), y la meditación de Pedro sobre la culpa (pp. 232-3), consisten enteramente en construcciones impersonales. La mujer del Muecas es incapaz de expresarse a través de un monólogo: por eso, el narrador tiene que intervenir para dar una formulación verbal a las imágenes visuales que, para ella, constituyen su vida. Aquí también, el uso de infinitivos («No saber que [...]») refuerza el divorcio entre las palabras y su sujeto. Para la mujer del Muecas, este divorcio es tan grande, porque es analfabeta. Pero Pedro, no obstante su intelectualidad, tampoco consigue identificarse con sus palabras. Volviendo del burdel a la pensión, sus palabras están distanciadas del «yo» personal por el gerundio impersonal: «Pensando: Mañana estaré peor» (p. 92). En muchos casos, las palabras de Pedro giran en espiral, hasta que el lector empieza a dudar de que sea éste el que habla. Esto ocurre sobre todo con la serie de reflexiones espirales sobre Cervantes, pero se repite con su monólogo después de seducir a Florita (pp. 98-100), y con su monólogo final, donde lo que empieza por ser un examen de conciencia personal, se transforma en una reflexión de tipo general sobre la culpa histórica de España. En el monólogo final, el uso del «nosotros» sirve para transformar la voz de Pedro en una voz colectiva.

La disociación entre lenguaje hablado y el que habla se refuerza también, al ser atribuido al personaje un lenguaje inapropiado. Alfonso Rey sugiere que los personajes están individualizados por el lenguaje que usan: por ejemplo, los latinismos de Matías, el argot de Cartucho[22]. Esto es cierto, pero

[22] A. REY, *Construcción y sentido*, pp. 15-43.

también hay que señalar que las idiosincrasias lingüísticas de los personajes sufren unos lapsus importantes. Incluso los personajes menos educados de repente recurren a cultismos más propios del lenguaje escrito. Fernando Morán y Ramón Buckley señalan que, con este uso de un lenguaje inapropiado, Martín-Santos rompe con la suposición realista de que «hablando se retrata la gente». Para Morán y Buckley, este uso de un lenguaje inapropiado constituye una crítica de una sociedad que vive en términos de las apariencias[23]. Esto es correcto, pero los personajes también podrían disfrazar sus intenciones en un lenguaje propio a su rango social. Más importante es la demostración del divorcio entre lenguaje hablado y hablante. La novela está caracterizada por la dificultad en diferenciar la voz del narrador de la de los personajes. Esta dificultad ha llevado a un crítico a sugerir que la novela entera está escrita por Pedro, ya que el narrador y él usan el mismo lenguaje científico[24]. Esta idea se basa sobre la suposición realista de que el lenguaje refleja la personalidad del que lo utiliza, que Martín-Santos rechaza. Martín-Santos confunde intencionalmente las voces del narrador y de los personajes, al recurrir con frecuencia al estilo indirecto libre, de modo que las palabras salen de una zona indeterminada que no reside ni en el narrador ni en éstos. En el discurso del Muecas, al persuadir a Pedro de que le acompañe a las chabolas, el uso del estilo indirecto libre incorpora una mezcla desconcertante de vocabulario culto y coloquial: por ejemplo, la frase «automedonte en retirada» seguida por «la pata untada» (p. 103). Es imposible atribuir las dos frases al mismo sujeto. En el viaje de Pedro y Amador a las chabolas, la narración cambia constantemente de voz, al asumir ya la perspectiva limitada de los personajes, que comentan sobre los transeúntes, ya la perspectiva omnisciente del narrador, que informa al lector sobre lo que pasa en la trastienda de las farmacias (p. 30). La misma perspectiva cambiante ocurre en el episodio de la verbena municipal, al desplazarse la voz narrativa de Dora a Pedro, y de éste a Dorita, para luego pasar al narrador omnisciente, que corrige lo dicho por aquéllos y nos cuenta qué harán mañana los

---

[23] F. MORÁN, *Novela y semidesarrollo*, pp. 370, 383; y R. BUCKLEY, *Problemas formales en la novela española contemporánea*, Barcelona, 1968, p. 199.
[24] F. L. HELLER, «Voz narrativa y protagonista en *Tiempo de silencio*», *Anales de la Novela de la Posguerra*, III (1978), pp. 27-37.

músicos, y en qué momento entra Cartucho sin ser visto por nadie (p. 227). El uso que hace Martín-Santos del estilo indirecto libre demuestra que el lenguaje no puede captar la esencia de la realidad, porque siempre es una perspectiva personal. Al hacer inconsecuente esta perspectiva, Martín-Santos sugiere que el lenguaje tampoco constituye la expresión directa de la personalidad del locutor.

El lenguaje no refleja la realidad, no sólo por su naturaleza artificial de producto culto, sino también porque, en la mayoría de los casos, el hombre lo usa para defenderse contra la realidad. Para citar a Octavio Paz: el lenguaje, que debería ser «transparencia», es una máscara[25]. El lenguaje sirve tanto o más para impedir la comunicación, que para facilitarla. El uso en la novela de un estilo retórico indica la cualidad no sólo artificial, sino también engañosa del lenguaje. El lenguaje oculta tanto o más de lo que revela, porque el individuo y la sociedad tratan de engañarse mutuamente. Pero también el lenguaje sirve para suprimir la realidad, por ser un instrumento simbólico que sustituye la realidad a la que se refiere. Fernando Morán censura a los novelistas de los años 50, por suponer ingenuamente que la realidad sólo estaba «tapada» por la censura, y que, para captarla, bastaba con «nombrarla», sin darse cuenta de que la realidad siempre es «elusiva»[26]. Martín-Santos recurre a la perífrasis para parodiar el «tabú del nombre» oficial, pero el uso de un estilo verboso también muestra cómo el lenguaje, de por sí, erige una barrera entre el hombre y la realidad.

El lenguaje requiere la supresión de la realidad, no sólo por no ser la realidad, sino también porque el hombre lo usa como un sustituto simbólico, que compensa sus deseos reprimidos. Por tanto, el lenguaje sustituye el deseo y la realidad al mismo tiempo, al proyectar sobre ésta la representación simbólica de sus deseos frustrados. El análisis freudiano del lenguaje es fundamental para comprender *Tiempo de silencio*. El psicoanalista tiene que ser consciente de la existencia de distintos niveles semánticos, al indagar el sentido oculto de las palabras del neurótico, quien se resiste a expresar verbalmente sus emociones reprimidas. El psicoanalista busca el sentido

---

[25] El sentido de este concepto en la poesía de Paz se analiza en G. Sucre, *La máscara, la transparencia*, Caracas, 1975.

[26] F. Morán, *Novela y semidesarrollo*, p. 316.

en lo que se calla: en el silencio. Freud comparó lo inconsciente con un «texto censurado». Claude Talahite –el único crítico que ha sabido relacionar *Tiempo de silencio* con la teoría freudiana– se refiere al sentido profundo de la novela como «le récit secret»[27]. La frase es acertada. Los conceptos del deseo y de la frustración son vitales en el análisis social de Martín-Santos; también determinan su uso del lenguaje. El lenguaje es la expresión simbólica del deseo, pero, al ser sustituto, también frustra la realización de éste. Jacques Lacan ha desarrollado las consecuencias de la teoría lingüística freudiana, para demostrar que el lenguaje es, por definición, contradictorio y contraproducente, ya que promete darnos la realidad, pero sólo nos da un simulacro[28].

En un párrafo famoso de *Meditaciones del Quijote*, Ortega reconoce la relación del significado con el deseo:

> Preguntémonos por el sentido de las cosas, o lo que es lo mismo, hagamos de cada una el centro virtual del mundo. Pero ¿no es esto lo que hace el amor? Decir de un objeto que lo amamos y decir que es para nosotros centro del universo [...] ¿no son expresiones equivalentes? ¡Ah! sin duda, sin duda. La doctrina es vieja y venerable: Platón ve en el «eros» un ímpetu que lleva a enlazar las cosas entre sí [...] Por esto, en su opinión, la filosofía que busca el sentido de las cosas, va inducida por el «eros». La meditación es ejercicio erótico. El concepto, rito amoroso[29].

Martín-Santos parece poner en tela de juicio la definición erótica de la significación que da Ortega, al hacer reflexionar a Pedro:

> ¿Es esto el amor? ¿Es acaso el amor una colección apresurada de significaciones? ¿Es acaso el amor la unificación del mundo en torno a un ser simbólico? ¿Es acaso el amor esta aniquilación de lo individual más propio para dejar desnuda otra realidad que es en sí completamente incomprensible, pero que nos empeñamos en incorporar a la trama de nuestro existir vacilante? (p. 95)

Al equiparar el significado con el amor platónico, Ortega demuestra creer en la existencia de una idea arquetipo, que

[27] C. TALAHITE, «*Tiempo de silencio» de Martín-Santos*, pp. 363-77 y *passim*. A pesar de su entendimiento de la bidimensionalidad del lenguaje, en muchos casos Talahite tampoco percibe el doble sentido irónico del texto.

[28] Véanse A. LEMAIRE, *Jacques Lacan*, Londres, 1979; y M. BOWIE, «Jacques Lacan», en *Structuralism and Since*, ed. J. Sturrock, pp. 116-53.

[29] *Meditaciones del Quijote*, p. 62.

constituye el significado esencial del objeto. Para Martín-Santos, el significado es, efectivamente, la proyección de un arquetipo, pero en el sentido de que el hombre falsifica la realidad al proyectar sobre ella la imagen de sus deseos inconscientes. La sirena que Pedro proyecta sobre la pared blanca de su celda, para compensar su soledad, no sólo simboliza una sociedad que estimula el deseo para frustrarlo, sino que también señala que el hombre necesita dar sentido al vacío de su existencia, para simular el placer que le es negado. Detrás de la manzana apetitosa que Ortega intenta convertir en el centro de un mundo unido por «la idea», se asoma la «presencia ominosa de un tableau noir de nada escrito» (p. 131). El concepto del arquetipo recurre varias veces en la novela: en todos los casos, está relacionado con la frustración del placer. Matías compara los objetos de lujo de las tiendas en la calle de la Montera con ideas platónicas, porque no poseen una sustancia real, sino que son meros objetos del deseo (p. 190). Del mismo modo, las bailarinas de la revista musical representan la imagen arquetipo de los deseos inalcanzables del público: «otra entidad más esencial que ya no en los cuerpos grácilmente agitados se contiene, sino en la propia alma avariciosa de quien como a signos de una escritura fácilmente comprendida –desde antes de haber nacido cada individuo– por la especie los mira» (p. 220). Esta imagen del deseo es «esencial», no a la realidad, sino al hombre, al residir en lo inconsciente colectivo. Al proyectar sobre las bailarinas la imagen arquetipo del deseo, el público recurre al idealismo, no en el sentido platónico, sino en el sentido vulgar de idealizar, y por lo tanto falsificar, una realidad mediocre. Lo mismo ocurre con la luz roja del burdel, que permite a los clientes proyectar sobre las prostitutas desnutridas «el interno arquetipo al que el espíritu incansable busca coincidencia» (p. 165). La descripción de la sala de visitas del burdel en términos de una larga lista de arquetipos sexuales (pp. 86-7), no sirve para informarnos sobre la realidad del lugar, sino solamente sobre los deseos inconscientes de sus ocupantes. El uso en la novela de unas imágenes simbólicas del placer es irónico, por mostrar cómo el hombre falsifica la realidad, para hacerla coincidir con el «interno arquetipo» de sus deseos. La bailarina no es una sirena, la cárcel no es un vientre, las mujeres de la pensión no son diosas, salvo en la mente del espectador frustrado.

El simbolismo tiene cierto parentesco con la ironía, al ser

los dos una manera de decir una cosa y, al mismo tiempo, referirse a otra. En el simbolismo, el sentido profundo coincide con el sentido superficial, mientras que, en la ironía, sentido profundo y sentido superficial se contradicen. El lenguaje de *Tiempo de silencio* es simbólico e irónico a la vez, puesto que proyecta sobre la realidad una imagen inapropiada de ésta que, al mismo tiempo, revela la naturaleza real de los deseos inconscientes de los personajes. Además de revelar el deseo inconsciente, el lenguaje también sirve para revelar el miedo inconsciente. En este caso, el simbolismo que lo inconsciente proyecta sobre la realidad no es irónico, puesto que revela una amenaza real: como, por ejemplo, en el caso de las imágenes del pulpo, del estómago y de la castración. Sólo el simbolismo del deseo impone una imagen inapropiada sobre la realidad. Sin embargo, hay un sentido en que el simbolismo del deseo y el del miedo son irónicos los dos, puesto que traicionan los impulsos inconscientes del personaje, sin que éste se dé cuenta. En *Libertad, temporalidad y transferencia*, Martín-Santos señala que los impulsos inconscientes son «independientes del lenguaje», y, por lo tanto, sólo pueden manifestarse indirectamente a través del simbolismo[30]. El lector de *Tiempo de silencio* conoce los deseos y los temores de los personajes a través del uso de un lenguaje simbólico.

El hombre está enajenado de lo inconsciente por ser éste independiente del lenguaje; pero también el lenguaje enajena. Al expresarse en formas verbales, el proyecto consciente tiende a distanciarse de la realidad. Precisamente por tener un alto nivel de competencia lingüística, Pedro es el personaje que tiene más dificultades en entenderse. Los monólogos de Pedro muestran cómo las palabras le distancian cada vez más de la realidad. Cartucho, por ser analfabeto, no tiene ninguna dificultad en reconciliar teoría y práctica. Por eso, Cartucho se expresa de una manera más natural que los otros personajes. Sin embargo, los monólogos de Cartucho –al igual que los de la abuela– sirven más para engañarse que para entenderse. La mujer del Muecas no está enajenada por el lenguaje, sino del lenguaje. Pero, en cierto sentido, su incapacidad lingüística le da una sinceridad que no tienen los otros personajes. El lenguaje es ambiguo: permite al hombre expresarse, pero también le permite engañarse. Esta ambigüedad se deja ver en el

---

30 *Libertad, temporalidad y transferencia*, p. 87.

uso en la novela de la asociación libre. En el tratamiento psicoanalítico, la asociación libre se emplea como una técnica
que estimule al enfermo a traicionarse. Lo mismo pasa en los
monólogos interiores de la novela. Los personajes no recurren
a la asociación libre intencionalmente, sino que intentan imponer una disciplina a sus pensamientos, al racionalizarlos.
Pero sus intentos de racionalización fallan, al ceder, sin que-
rer, a la libre asociación que –de acuerdo con la ley del retorno de lo reprimido– les conduce a la verdad desagradable que
intentan evadir. Justamente cuando Pedro se congratula de
haber convertido su vida en una fórmula lingüística controla-
ble, descubre que sus palabras dicen lo contrario de lo que él
quería. De este modo, su idealización de la vida rural le conduce a través de una cadena de asociaciones, que va desde las
ranas a la muerte de Florita (p. 235). El hombre se sirve del
lenguaje para controlar su vida, pero de repente descubre que
el lenguaje le controla a él. El policía que interroga a Pedro se
aprovecha de esto, sabiendo que, si le alienta a hablar libremente de cualquier cosa, se traicionará. El texto de la confesión de Pedro, redactada por la policía, demuestra que ésta
posee un entendimiento magistral de la capacidad de las palabras de insinuar algo distinto de lo que dicen (p. 199).

Jacques Lacan, y también el escritor cubano Severo Sarduy,
relacionan el concepto freudiano del lenguaje –según el cual
éste sirve al mismo tiempo para ocultar y revelar una verdad
suprimida– con el uso del artificio en el estilo barroco[31]. Varios críticos hablan del «estilo barroco» de *Tiempo de silencio*,
sin precisar lo que entienden por aquello. Por un lado, el uso
por Martín-Santos de cultismos e inversiones sintácticas de
tipo gongorino, constituye una parodia de la retórica oficial
del franquismo, según lo sugiere Fernando Morán[32]. Pero los
gongorismos también sirven para indicar que, debajo de la superficie exageradamente artificial del texto, existe otro nivel
de significado. Leo Spitzer sugiere que el estilo barroco, en literatura, da muestra de una actitud escéptica hacia la capacidad expresiva del lenguaje[33]. Las palabras no nos dan un «tro-

[31] A. LEMAIRE, *Jacques Lacan;* M. BOWIE, «Jacques Lacan»; y S. SARDUY, *Barroco*, Buenos Aires, 1974.
[32] F. MORÁN, *Novela y semidesarrollo*, p. 370.
[33] Citado por R. WELLEK, en su libro *Concepts of Criticism*, Yale, 1963,
p. 110.

zo de vida», sino una fachada. En el arte barroco, no hay más que apariencias: los personajes llevan una máscara y representan un papel. El estilo barroco es un estilo irónico, ya que engaña al espectador, al ofrecerle una ilusión de la realidad, para luego mostrarle que es sólo una apariencia. El ilusionismo del arte barroco pone en duda la existencia de una realidad esencial, al crear un mundo de perspectivas falsas. Sarduy señala que la forma predilecta del arte barroco es la elipse, que carece de centro estable, ya que su centro consiste en el espacio vacío entre dos centros desplazados[34]. Michael Ugarte sugiere que la construcción de *Tiempo de silencio* depende del desplazamiento de las estructuras simétricas[35]. El intento de Pedro, en la frase final de la novela, de restablecer la simetría rota, es un deseo ilusorio más. *Tiempo de silencio* es un texto barroco, por crear una fachada de palabras que, a primera vista, parecen sólidas, pero que resultan ser un disfraz. El uso de la hipérbole refuerza la impresión de teatralidad. Martín-Santos se hace eco de la poesía del siglo XVII, al recurrir a las imágenes de la petrificación y del naufragio, para simbolizar un mundo cuya solidez aparente encubre una realidad precaria.

Según la interpretación psicoanalítica del barroco, la imagen del náufrago –y también la de la sirena– simboliza la naturaleza híbrida del hombre, al ser mitad conciencia (tierra), mitad inconsciente (océano). Según Sarduy, la dualidad conciencia-inconsciente se expresa visualmente en los dos centros desplazados de la elipse barroca. Sarduy hace notar que la técnica barroca del *chiaroscuro* enfoca la luz sobre un solo centro, de modo que la luz sirve para sumergir el otro centro en la oscuridad. Para Sarduy, esto constituye una versión estilística del concepto freudiano de la conciencia, según el cual ésta es una zona de aparente claridad racional, que monopoliza la atención al reprimir la zona oscura de lo inconsciente[36]. La interpretación psicoanalítica del arte barroco del siglo XVII es bastante cuestionable. Pero el análisis de Sarduy ayuda a entender el uso de un estilo barroco por un escritor contemporáneo, que además es psiquiatra, como es el caso de Martín-Santos.

En *Tiempo de silencio*, encontramos la misma antítesis entre

---

[34] S. SARDUY, *Barroco*, p. 50.

[35] M. UGARTE, «*Tiempo de silencio* and the Language of Displacement», *Modern Language Notes*, 96, núm. II (marzo 1981), pp. 340-57.

[36] S. SARDUY, *Barroco*, pp. 67, 70-8.

«sol» y «noche» que Sarduy analiza en el arte barroco. De acuerdo con la interpretación de Sarduy, el sol engaña, y la noche es una zona subterránea. O sea: la razón sirve, no para ayudar al hombre a conocerse, sino para reprimir sus impulsos oscuros. Para Martín-Santos, el sol es un «gran mentiroso» (p. 148), que embellece falsamente el mundo: «La mañana era hermosa, en todo idéntica a tantas mañanas madrileñas en las que la cínica candidez del cielo pretende hacer ignorar las lacras estruendosas de la tierra» (p. 26). La luz da una belleza efímera a las chabolas (p. 114), y convierte el Cementerio del Este en un «jardín encantado del Bosco» (p. 145). Pedro cita el *Henry IV* de Shakespeare, para sugerir que el sol se librará del velo oscuro de las nubes (p. 233); pero la novela muestra más bien cómo el sol impone un velo falsamente claro a la sordidez del mundo exterior e interior. En *Libertad, temporalidad y transferencia*, Martín-Santos advierte que las explicaciones claras suelen ser falsas: «una precoz transparencia del sentido, cuanto más clara aparezca, tantas más posibilidades tiene de resultar pseudotransparencia»[37]. Los monólogos de Pedro le distancian de la realidad, al intentar imponer una falsa claridad a su pensamiento. Por eso, Pedro recurre a una sintaxis elemental. En cambio, el narrador utiliza una sintaxis laberíntica, para poder expresar una realidad confusa. Hay que señalar que Martín-Santos no recurre a la complejidad sintáctica para crear la oscuridad, sino para tratar de entender lo que es oscuro. La razón es engañosa sólo si intenta negar los impulsos oscuros del hombre; pero, sin aquélla, no hay manera de entender éstos. De ahí que la sintaxis compleja que usa Martín-Santos obedezca a una construcción rigurosa. Cuanto más compleja la sintaxis, tanto más rigurosa la construcción. Por ejemplo, la sección que va desde «El amor del pueblo [...]» hasta «[...] criado de confianza» (pp. 222-4), empieza con una afirmación de tipo general, sigue con una pregunta retórica («¿Por qué intentar [...]»), que conduce a otra afirmación («Que esta imagen [...] conforte [...] es materia de consolación»), y de ahí lleva a una conclusión final («Por eso [...]»). La construcción silogística «Que A, entonces B» –o «Si A, entonces B»– aparece reiteradamente. Martín-Santos recurre a la argumentación lógica, para intentar dar sentido a la realidad, sin simplificar sus conclusiones.

---

[37] *Libertad, temporalidad y transferencia*, p. 134.

Martín-Santos insiste en la necesidad de reconocer la existencia de lo oscuro, pero nunca sugiere que la verdad se encuentra en la oscuridad. Lo inconsciente se compara con la noche, porque es una zona peligrosa, que falsifica la realidad. La luz del día da una falsa impresión de inocencia a las prostitutas («Bajo su brazo aparece ahora una mujer de su casa que va a hacer la compra»); pero la «hurí lasciva con la que erróneamente creía haber yacido» (p. 148) es igualmente falsa. Asimismo, el «tercer ojo» del deseo que guía a Pedro hacia la cama de Dorita no le ayuda a ver en la oscuridad, sino que le hace preso de sus impulsos oscuros. El sol y la noche engañan los dos, pero de distintas maneras. El sol, por hacernos ver solamente la superficie de las cosas, sin preguntarnos por su sentido profundo; la noche, por subordinar el principio de la realidad al principio del placer. El siguiente párrafo demuestra que la luz engaña, pero no sugiere que la oscuridad ilumina:

El gran ojo acusador [...] consigue llevar hasta el límite su actividad engañosa porfiando tercamente ante cada espectador sorprendido para hacer constar, de un modo al parecer indudable, que es real solamente la superficie opaca de las cosas, su forma, su medida, la disposición de sus miembros en el espacio y que, por el contrario, carece de toda verdad su esencia, el significado hondo y simbólico que tales entes alcanzan durante la noche (p. 147).

Según esto, el mundo físico es real, pero su «esencia» la constituye el «significado hondo y simbólico» que posee para el hombre. Esta «esencia» contradice la realidad del mundo físico, al situarse en la «noche» de lo inconsciente, que proyecta una falsa imagen de placer sobre el mundo externo. La «noche» a que se refiere la última frase es la falsa noche que doña Luisa crea al correr las cortinas, para suprimir la luz que, sin embargo, persiste fuera. El fundador de la psiquiatría existencial, Binswanger, señala que lo inconsciente es la única zona de la vida humana que, por no estar sujeto al espacio ni al tiempo, tiene una realidad «esencial» y no «existencial»[38]. Al hablar de una «esencia», Martín-Santos utiliza el término en el mismo sentido que Binswanger: el «significado hondo y simbólico» de lo inconsciente es «esencial» por no reconocer las limitaciones que el mundo físico impone a la existencia huma-

---

[38] Véase *Existence*, ed. R. May, E. Angel y H. F. Ellenberger, p. 326.

na. Este significado «esencial», que sólo respeta el principio del placer, es producto de la oscuridad, no sólo por ser falso, sino también por ser simbólico. En el prólogo a *Tiempo de destrucción*, Martín-Santos hace notar: «Un símbolo nunca es explicable. No hay nada de transparencia en el símbolo. El símbolo es oscuridad querida (no querida por el autor –ay de mí–, sino por la realidad y verdad de su naturaleza)»[39]. El sentido profundo de la realidad hay que buscarlo en lo inconsciente humano, a sabiendas de que éste nunca se deja penetrar del todo por la razón, y que, además, su función consiste en falsificar la realidad.

La antítesis «sol»/«noche» tiene su paralelo en la novela con la antítesis «palabra»/«silencio». El significado del texto reside, no sólo en lo que no se ve («noche»), sino también en lo que no se dice («silencio»). El título de la novela se refiere al silencio del conformismo, que, al suprimir la protesta, suprime la verdad. Hay que destacar que, con esto, Martín-Santos no denuncia simplemente la censura oficial, sino que también muestra cómo el individuo censura su propia visión del mundo. Esta forma de autocensura puede ser intencional, como en el caso de la mala fe; pero en parte también es inevitable, ya que lo inconsciente, de por sí, constituye un «texto censurado». Los silencios de la tertulia de la pensión revelan que su sentido oculto reside en el deseo no expresado de los participantes:

Hablaban, sin embargo, sabiendo que las palabras nada significaban en la conversación que los cuatro mantenían. Conversación que era sostenida por actitudes y gestos, por inflexiones y miradas, por sonrisas y bruscos enmudecimientos (p. 38).

La conversación se compara con una «obra de arte», por haber «una profunda verdad en las palabras (verdad traducida de los ardientes deseos ya que no de los engañosos y mudables hechos)» (p. 40). Según esto, la función del texto literario consiste en ofrecer al lector un argumento ficticio, que revela una verdad profunda. Es significativo que Dorita sea «el verdadero eje (mudo) de la reunión» (p. 41). Al no hablar, representa mejor su papel de blanco de los deseos inconfesados de Pedro. Al residir el significado de las palabras no en lo que di-

---

[39] *Apólogos*, p.151.

cen, sino en lo que representan, la mujer del Muecas no necesita entender la conversación de su marido con Pedro para entender su trascendencia: «escuchaba como si oyera la interpretación de una sinfonía aquella conversación. Era evidente que a pesar de no entender jota de lo que se decía, gozaba con los sentidos que los presentes exhalaban» (p. 53). Es por estar más atenta que los demás al sentido profundo de lo que dice Pedro, que la mujer del Muecas es capaz de apreciar sus buenas intenciones. Estar atento al significado literal de las palabras, en general significa entenderlas mal. Por no tener casi acceso al lenguaje, la mujer del Muecas es capaz de dar un «grito» de protesta, en vez de recurrir a las palabras para callar la verdad[40]. El silencio del conformismo no consiste en la ausencia de las palabras, sino en la proliferación de las palabras para erigir una muralla defensiva entre el hombre y la realidad.

Al decir una cosa y significar otra, las palabras sirven, no sólo para racionalizar la realidad, sino también para manipular a los demás, sin que se den cuenta. El lenguaje es cómplice tanto del conformismo como del autoritarismo. La abuela de Dorita consigue atrapar a Pedro, al hacerle entender que ella se ha enterado de la seducción de su nieta, sin decirlo explícitamente (p. 97). La policía consigue la sumisión de Pedro mediante una serie de indirectas:

De todos modos es inútil que usted... (afirmación de superioridad basada en la experiencia personal de muchos casos) [...] claro que si usted se empeña... (posibilidad de recurrencia a otras vías abandonando el camino de la inteligencia y la amistosa cooperación) (p. 169).

El sentido de la conversación de Dorita con la policía también consiste en lo que no se dice (pp. 181-2). El silencio no es la ausencia del sentido, sino la relegación de éste a una zona subterránea. En las celdas subterráneas de la Dirección General de Seguridad, Pedro descubre que el silencio aparente encubre una multiplicidad de voces (p. 174).

Los monólogos interiores de la novela demuestran una gran riqueza verbal, ya que los personajes recurren a las palabras para camuflar la verdad. En cambio, los diálogos acusan

---

40 Claude TALAHITE (en «Tiempo de silencio» de Martín-Santos, pp. 249-50) señala la oposición entre los gritos de la mujer del Muecas y el silencio conformista del resto de la sociedad.

una marcada pobreza verbal, ya que los personajes sólo saben expresarse en público a través de lo que no dicen. La trivialidad del diálogo –por ejemplo: «y Dorita dijo quiero quiero y él compró y dijo toma» (p. 231)– traiciona la incapacidad de los personajes de expresar sus deseos profundos. Pedro y Dorita sólo saben hablar del amor a través de la letra del chotis «Madrid» (p. 229). El deseo se revela a través de la parquedad verbal, pero el miedo inconfesado se revela a través de la verbosidad superflua. Pedro habla con la prostituta con la que está encerrado «de las cosas mismas de que el hombre se ve constreñido a hablar día tras día: del tiempo que ha hecho, [...] de cada vez está todo más caro, de me gusta mucho Humbrey Bogartt [sic]» (p. 166), para desviar la atención de su miedo a ser detenido. La elocuencia superflua del Muecas al intentar persuadir a Pedro de que le acompañe a las chabolas, traiciona su miedo a revelar la situación real. Tanto la taciturnidad como la verborrea, tanto el diálogo como el monólogo interior, sirven para evitar la comunicación. Por algo, la policía dice: «Todos están incomunicados» (p. 182). Es importante que el desenlace de la novela sea consecuencia de un malentendido.

El silencio funciona en la novela de dos maneras. Por una parte, los personajes usan el lenguaje para «callar» la verdad. Por otra parte, Martín-Santos, al demostrar al lector que hay que buscar el significado en lo que las palabras no dicen, convierte el silencio en un instrumento crítico. Hay que diferenciar los dos usos del silencio. Algunos críticos han sugerido que el hecho de que Pedro opte por el silencio al final de la novela, representa una nota de esperanza para el futuro[41]. El silencio final de Pedro no tiene nada de positivo, ya que es el silencio que resulta de la supresión de la verdad. Hay una diferencia enorme entre el usar el silencio como forma de censura, como lo hacen los personajes, y el usar el silencio para insinuar la existencia de una verdad profunda, como lo hace el narrador. Los personajes no quieren ser entendidos, pero el narrador sí. Es la diferencia entre la mentira y la ironía.

Casi todos los críticos han señalado la importancia de la ironía en *Tiempo de silencio*. Muchas veces, lo que entienden por

---

[41] G. ROBERTS, *Temas existenciales*, p. 203; y C. TALAHITE, «*Tiempo de silencio*» de Martín-Santos, p. 271.

«ironía», corresponde más bien a la «sátira»[42]. Ya veremos cómo, en *Tiempo de silencio*, la sátira tiende hacia la ironía; pero, para apreciar esto, hay que empezar por distinguir los dos términos. Normalmente, sátira e ironía suponen una actitud distinta por parte del autor y por parte del lector. La sátira se ha definido como una forma de ironía «explícita» o «militante», ya que el lector percibe en seguida que las palabras significan lo contrario de lo que dicen [43]. La sátira tiene un fin abiertamente moralizante. La ironía puede servir para la crítica social, pero, al no ser tan obvia la falsificación del sentido, la crítica es menos clara. La ironía supone cierta benevolencia hacia lo que se critica, ya que la afirmación falsa tiene cierta verosimilitud. Una afirmación es irónica si es verdad en un sentido, pero falsa en un sentido más importante. En cambio, la sátira es una mentira total. La ironía puede ser inconsciente, la sátira no. La ironía es ambigua, la sátira no. Por eso la sátira indica muchas veces una actitud dogmática por parte del autor. En *Tiempo de silencio*, la sátira sólo es dogmática en el caso de Matías y la alta burguesía, cuya descripción caricaturesca –hay que reconocerlo– es bastante superficial. En general, Martín-Santos evita la caricatura, que depende de la descripción exagerada y unidimensional de los vicios, y prefiere la falsa idealización, que crea una visión bidimensional, en que la frivolidad aparente encubre una trágica realidad profunda. El uso que hace Martín-Santos de la sátira es brillante, no sólo por su virtuosismo lingüístico, sino sobre todo por hacernos sospechar que, detrás de la fachada falsamente embellecida que nos da el texto, existe algo mucho más terrible de lo que jamás podría expresar la descripción literal. El narrador indica que Pedro, enfrentado con la versión falsa de la vida pasada de las mujeres de la pensión, se imagina algo mucho peor (p. 40). Las novelas de los años 50 eran deficientes, por ser insignificantes los problemas sociales que relataban, en comparación con los problemas reales del país. Al idealizar falsamente la realidad, Martín-Santos consigue aproximarse a ella. El uso de la sátira rompe con el objetivismo, obligando al

---

[42] Véanse sobre todo ROBERTS, MORÁN, BUCKLEY, y J. ORTEGA en su artículo «Compromiso formal de Martín-Santos en *Tiempo de silencio*», *Hispanófila*, XIII (1969), pp. 23-30.

[43] Mi definición de la sátira y de la ironía se debe a D. C. MUECKE, en su libro *The Compass of Irony*, Londres, 1969; y a Northrop FRYE, *Anatomy of Criticism*, Princeton, 1973.

lector a elucidar el sentido profundo del texto, puesto que su sentido superficial es obviamente falso.

La presentación de Pedro no es satírica, sino irónica, ya que se le permite dar una versión falsa de su vida que tiene cierta verosimilitud. De ahí que tantos críticos hayan tomado en serio su mala fe. Ningún crítico ha tomado en serio las autojustificaciones de la abuela de Dorita, o de Cartucho, por ser éstos presentados a través de la sátira. Los dos intentan, como Pedro, convencer al lector de la veracidad de lo que dicen, pero el narrador interviene para desmentirles, haciendo resaltar las contradicciones de sus argumentos. Al hacer coincidir la sátira con la presentación de la mala fe, Martín-Santos la utiliza para demostrar la riqueza interior del personaje. Normalmente, la sátira tiende hacia la caricatura deshumanizante, por conllevar la descripción externa del personaje por un narrador distanciado: Martín-Santos evita la deshumanización, al satirizar a la abuela y a Cartucho mediante el monólogo interior. El narrador no les impone su propia visión crítica, sino que les hace traicionarse a sí mismos. El otro personaje cuyas autojustificaciones son obviamente falsas es el Muecas: en este caso, la sátira se acerca un poco más a la caricatura. Muecas no intenta engañarse a sí mismo, sino a los demás: por lo tanto, se satiriza, no a través del monólogo interior, sino –con el largo discurso que dirige a Pedro, para persuadirle a que le acompañe a las chabolas (pp. 101-4)– a través del monólogo exterior. La falsedad de su argumento se hace evidente, no a causa de sus contradicciones internas, sino a través de su exageración grotesca. Aun aquí, Martín-Santos evita la deshumanización, al recurrir al estilo indirecto libre, que incorpora la perspectiva del personaje en la descripción externa que de él hace el narrador. También Muecas se traiciona a sí mismo, a través de sus propias palabras.

La sátira más lograda en la novela se consigue al confundir la perspectiva crítica del narrador con la del personaje, a través del estilo indirecto libre. Esto ocurre en los monólogos de Pedro, que con frecuencia se convierte en portavoz de la sátira social del narrador. Es imposible saber si Pedro es consciente del satirismo de sus palabras, o si el narrador lo usa como portavoz sin que éste se dé cuenta. Por ejemplo, cuando Pedro dice que las muchachas norteamericanas son «aunque hermosas, insípidas» (p. 19), no se sabe si éste coincide con el narrador al parodiar la mala fe del resto de su sociedad, que desprecia el alto nivel de vida de los países desarrollados; o si aquí Pedro recae él mismo en la mala fe. Es especialmente difícil saber si Pedro adopta expresamente un tono satírico, ya que su inteligencia le da la capacidad de criticar en los demás los defectos que él mismo tiene. La manifestación más compleja de esta sátira ambigua, que no se sabe si es de Pedro o del narrador, la constituye el episodio del viaje de Pedro y Amador a las chabolas. Al principio, el lector supone que la voz satírica, que falsamente embellece «las legendarias chabolas y campos de cunicultura y ratología», es la del narrador, puesto que se refiere a Pedro y a Amador en la tercera persona. Pero, ya avanzado el párrafo, el lector descubre que «esto iba meditando D. Pedro» (p. 26). No hay manera de saber en qué momento la sátira ha pasado de la voz del narrador a la de Pedro. Si la voz que antes había denunciado la «cínica candidez» del sol, que embellece falsamente la realidad, es la de Pedro, entonces la afirmación siguiente –que sí es de Pedro– de que la ropa de los transeúntes está desteñida, no por la pobreza, sino por el sol, tiene que ser un ejemplo de sátira consciente por parte de Pedro, que critica la mala fe de sus conciudadanos. Pero si la primera referencia sarcástica al sol es del narrador, entonces la segunda afirmación podría ser un ejemplo de la mala fe de Pedro: en este caso, la sátira sería del narrador, quien usa a Pedro como vehículo inconsciente. Al llegar los personajes a las chabolas (p. 42), el lector ya no tiene la menor idea de quien es responsable del largo panegírico satírico que sigue. A primera vista, la sátira parece ser del narrador, puesto que utiliza una serie de recursos estilísticos artificiales, más propios al lenguaje escrito: la confusión de metáforas elogiosas y despectivas («alcazares»/«indígenas»), la mezcla de vocabulario culto y coloquial («belfos gloriosos»), las afirmaciones contradictorias (la aplicación de la frase «era muy lógico, pues» a los hechos más sorprendentes), la proliferación de puntos de exclamación. Pero, de repente, leemos que «D. Pedro divagaba absorto en la contemplación de las chabolas» (p. 45), lo cual sugiere que todo lo anterior constituye el monólogo interior de Pedro, narrado a través del estilo indirecto libre. La sátira subsiguiente de la vida cotidiana de «gentleman-farmer Muecasthone» no puede ser de Pedro, ya que relata hechos que éste desconoce. Pero, hacia el final, empezamos a sospechar que tampoco nos habla la voz del narrador, sino la de los habitantes de las chabolas, que se congratulan de haber sobrevivido. Esta sospecha se confirma cuando el narrador interrumpe la narración eufemística para desmentirla: «el accidente (tan confortantemente accidental) del color de la piel», «una cierta estrechez de las frentes (que quizá, bien vistas, resultaran dilatables)» (p. 59). La voz del narrador se ha desdoblado en una voz que asume paródicamente la mala fe de los personajes, y en otra que la denuncia abiertamente.

El mismo desdoblamiento de la voz narrativa ocurre con la sátira de Ortega, representado en el macho cabrío de Goya. El narrador ora critica a Ortega desde fuera, ora asume la voz de éste para parodiarle desde dentro, ora adopta el tono adulador del público de la conferencia. Aquí tampoco se sabe si el que habla es Pedro o el narrador: en aquel momento, Pedro contempla la reproducción del cuadro de Goya, pero nada dice explícitamente que esto sea un monólogo interior. La transformación del macho cabrío en Ortega al dar la conferencia, que no tendrá lugar hasta el día siguiente, y la referencia al entierro de Ortega, quien no morirá hasta 1955, suponen una omnisciencia que sólo puede ser del narrador. La voz narrativa constituye una mezcla ambigua de las dos voces de Pedro y del narrador, que además incorpora paródicamente las voces de Ortega y su público.

Esta confusión de la voz narrativa ocurre, no sólo en los monólogos, sino también en las meditaciones críticas aparentemente relatadas por el narrador. Incluso cuando los personajes no están presentes, el narrador los satiriza al asumir, de manera paródica, su visión falsamente idealizada. Sólo una de las meditaciones críticas es libre de la mala fe de los personajes: el análisis de la corrida de toros. La meditación sobre Madrid (pp. 13-7) empieza con un análisis crítico por parte del narrador, pero luego recae en la mala fe de los personajes al afirmar las múltiples posibilidades abiertas al madrileño, y al elogiar la ciudad por ser una «esfera radiante» y un «recogeperdidos perfeccionado». Al insinuar, a través de la parodia, la presencia de los personajes, Martín-Santos consigue integrar las meditaciones críticas con el argumento de la novela. La sátira nace de la intromisión de la voz del narrador en los monólogos de los personajes, y de la intromisión de la mala fe de éstos en el discurso del narrador. De este modo, el narrador critica a los personajes y, al mismo tiempo, se hace cómplice de ellos.

Esta complicidad del narrador con la mala fe de los personajes convierte casi todo el texto en una forma de estilo indirecto libre. Por ejemplo, al referirse a la «divinidad» de las mujeres de la pensión, o la naturaleza «maternal» y «paternal» de doña Luisa y la policía, respectivamente, el narrador recurre al mismo simbolismo arquetipo que los personajes proyectan sobre la realidad. El uso por el narrador de cultismos, también constituye una forma de estilo indirecto libre. Al hablar de «la fosa que se conoce con el sonoro y elegante nombre de osario» (p. 143), el narrador imita el tono eufemístico de sus personajes. Lo mismo ocurre con el uso de las metáforas gongorinas: al calificar a la cabellera de Dorita de «oro derramado» (p. 38), el narrador asume la visión idealizada de los participantes en la tertulia de la pensión. La sátira de la tendencia idealizante de los personajes se hace más evidente con las metáforas extendidas, que, al ser llevadas hasta las últimas consecuencias, degeneran en la farsa, como en los casos de la comparación del Café Gijón con una playa, o la descripción de la recepción para Ortega en términos del árbol de la ciencia. Asimismo, al utilizar un lenguaje técnico para referirse a las cosas más primitivas –el coñac barato (p. 76) o el entierro de Florita (pp. 142-5)– el narrador parodia la tendencia de los personajes a negar el subdesarrollo de su país. El uso del lenguaje científico también parodia la tendencia de Pedro a refugiarse en un intelectualismo teórico, como en el caso de la descripción altamente técnica que hace el narrador de la operación sobre Florita, que Pedro realiza según las instrucciones que ha leído en sus libros de texto. Fernando Morán señala que el uso de anglicismos léxicos o sintácticos –«miduelésticas», «la también ineludible necesidad» (pp. 9, 116)– tiene la misma función satírica, ya que los libros de texto de la época estaban escritos en inglés [44]. No se ha destacado la influencia del alemán, el idioma más usado en el estudio de las ciencias y, además, el idioma extranjero que Martín-Santos mejor conocía [45]. Es difícil saber qué es parodia de los neologismos e inversiones sintácticas latinizantes del barroco español, y qué es parodia del lenguaje científico alemán. La influencia más obvia del alemán se deja ver en la invención de palabras compuestas, como, por ejemplo, «churumbeliportantes» o «destripaterrónica» (p. 129).

---

[44] F. MORÁN, *Novela y semidesarrollo*, pp. 384-5.
[45] Esto lo sugiere Carlos Castilla del Pino, en una entrevista con la autora.

La sátira de la visión color de rosa de los personajes se complementa con la mención de una alternativa superior a la triste realidad de los «años del hambre». En este caso, la realidad se contrasta, no con la falsa idealización de los personajes, sino con un ideal válido propuesto por el narrador. El contraste es satírico, a pesar de no haber ninguna falsificación verbal, ya que sugiere que la realidad es una falsificación de las posibilidades del país. La fórmula gongorina «no A, sino B» se emplea indiferentemente para denunciar la mala fe y para afirmar una alternativa teórica. Cuando la abuela de Dorita declara que vistió de falda corta a su hija, al visitar a los ex-amigos de su marido, «no porque ellos la desearan [...], sino para que comprendieran que era deseable» (p. 21), el hecho de negar la primera posibilidad sugiere al lector que ésta fue la motivación real. Cuando la abuela usa la misma fórmula para lamentarse de que «mi marido podía haberme dejado algo más pero no me dejó sino su recuerdo» (p. 17), aquí hace entender que lo que no pasó hubiera debido pasar. Muchas veces se trata, no de una alternativa hipotética, sino de una alternativa que existe ya en otra parte, y que, por lo tanto, es factible. El ejemplo más obvio lo constituye la descripción del aborto de Florita, que no se lleva a cabo en un hospital moderno sueco, sino en unas condiciones bárbaras. A veces el contraste se hace con una alternativa que existe, no en otro país, sino en la misma ciudad de Madrid. Cuando las mujeres de la pensión celebran el noviazgo de Dorita, no con «un cocktail con bebidas exóticas y whisky», sino con «una sana merienda española con chocolate espeso y humeante» (p. 214), el contraste nos hace pensar en la recepción para Ortega, donde la primera posibilidad era una realidad común y corriente. La misma fórmula «no A, sino B» aparece de manera implícita, cuando Martín-Santos nos lleva bruscamente de la recepción para Ortega al entierro de Florita (p. 142). Si la posibilidad alternativa existe en otro sector de Madrid, el lector deduce que algo está mal que no sólo no debería ser así, sino que tampoco tiene por qué ser así. Una técnica parecida consiste en el uso de explicaciones negativas. Cuando el narrador dice que «un hombre y una ciudad tienen relaciones que no se explican por las personas a las que el hombre ama [...], ni por las personas a las que el hombre explota» (p. 16), el lector tiene que preguntarse qué otra razón puede haber. El ejemplo más sencillo, pero más efectivo, de esta técnica es la descripción de España como «un país que no es Europa» (p. 60): con esto, Martín-Santos no sólo obliga al lector a preguntarse en qué se diferencia España de Europa, sino también si no sería posible que España fuera igual que el resto de Europa.

Al establecer un contraste entre dos términos opuestos, la sátira convierte la lectura de la novela en un proceso dialéctico. La dialéctica de la sátira es relativamente sencilla, ya que depende del contraste entre lo verdadero y lo falso. La ironía es más compleja, al esfumarse la distinción entre los términos opuestos. La existencia de la ironía nunca se puede probar, puesto que el sentido literal tiene cierta verosimilitud. El lector intuye que el texto tiene un doble sentido, sin estar seguro de ello. Tanto la sátira como la ironía obligan al lector a negar la autoridad del texto, pero la sátira permite al lector sustituir un significado definitivo. En cambio, la ironía le obliga al lector a aceptar la inseguridad. La dialéctica de la ironía no opone un término falso a otro verdadero, sino que opone dos términos, ambos válidos, en sentidos diferentes. En la sátira, la verdad reside en el significado profundo que yace debajo del sentido literal. En la ironía, la verdad reside en el espacio que existe entremedio del sentido literal y el sentido profundo. En un brillante estudio sobre Flaubert, Jonathan Culler habla del «espacio» de la ironía. Según Culler, la ironía está presente cuando nos enfrentamos con un «espacio» en el texto que se resiste a la interpretación, pero que, al mismo tiempo, requiere ser interpretado [46]. El «espacio» de la ironía parece estar «vacío» de significado, pero esto es una ilusión. Es un «espacio» ambiguo, ya que el sentido literal y el sentido implícito parecen contradecirse, pero al mismo tiempo se confunden. El espacio de la ironía nunca se puede llenar de significado, porque no está vacío, sino extrañamente lleno de significados irreconciliables.

Al demostrar que todo es susceptible de convertirse en lo opuesto, y que existe complicidad entre los términos opuestos, la ironía constituye la expresión más acabada de la dialéctica circular sartriana. Alfonso Rey afirma que, en *Tiempo de silencio*, Martín-Santos «no buscaba la ironía, sino la certeza; no pretendía jugar con la ambigüedad de la realidad, sino ha-

---

[46] J. CULLER, *Flaubert: The Uses of Uncertainty*, Londres, 1974, pp. 206-11. La influencia, en todo este capítulo, del libro de Culler será evidente para quien lo haya leído.

llar un sendero en su laberíntica estructura» [47]. Esto es incorrecto. Martín-Santos recurre a la ironía para corregir los intentos de sus personajes de persuadirse de que el mundo es sólido, al tener un significado esencial. La ironía se opone al sentido fijo y a la definición clara, para postular un mundo cuyo significado es relativo y ambiguo. Al optar por la visión irónica, Martín-Santos no abandona la búsqueda del significado, sino que busca un significado capaz de incorporar las fluctuaciones y las ambigüedades de una realidad contradictoria.

En *Tiempo de silencio*, la sátira tiende hacia la ironía, al desaparecer la distinción entre los términos opuestos. Ya hemos visto cómo la sátira aparece en aquellos momentos en que la voz del narrador se confunde con la de los personajes. El texto de la novela establece una serie de contrastes, no sólo entre cosas diferentes que deberían coincidir, sino también entre cosas parecidas que deberían ser diferentes. Cuando el narrador compara la vida de las chabolas con la de una tribu primitiva, o describe el cementerio municipal en términos de una fábrica moderna, insinúa que la comparación debería ser inapropiada, pero desgraciadamente no lo es. La misma confusión de los términos opuestos ocurre cuando lo que parece ser una comparación satírica inapropiada, resulta tener una congruencia inesperada. La comparación de Amador, señalando el camino de las chabolas con Moisés, parece inapropiada, pero también es apropiada, ya que Pedro realmente sigue a Amador como si fuera un profeta. La calificación de «burgués» que se aplica al Muecas es inapropiada, pero también apropiada, ya que éste realmente es un burgués en comparación con Cartucho. La descripción del burdel en términos de un templo sagrado es satírica en un sentido, pero, en otro sentido, es atinada, ya que los clientes se comportan con una reverencia religiosa. Casi todas las incongruencias satíricas en la novela resultan tener una congruencia irónica.

La presentación en la novela de la mala fe es satírica, ya que contrasta la conciencia auténtica con la conciencia inauténtica. Pero aquí también la sátira se convierte en ironía, con la existencia de una doble mala fe. Hemos visto cómo, en los monólogos de Pedro, la división entre conciencia auténtica y conciencia inauténtica se complica. Al pretender ser libre, la sociedad madrileña miente y dice la verdad al mismo tiempo,

---

[47] A. REY, *Construcción y sentido*, p. 107.

ya que ha elegido libremente no ser libre. La descripción de la mala fe de Pedro es irónica, puesto que los argumentos que éste utiliza con mala fe para justificarse son argumentos válidos. De este modo, Pedro recurre al argumento de la libertad del preso para justificar su conformismo; y aprovecha su análisis del «tiempo de silencio» de la sociedad contemporánea para justificar su propio silencio. La casuística de Pedro le permite convertir lo blanco en negro, y viceversa. La sátira también se convierte en ironía cuando Pedro actúa como portavoz de la sátira del narrador. Si Pedro es inconsciente del valor satírico de sus palabras, es irónica su ignorancia. Si Pedro es consciente de ello, es irónico que él sea capaz de satirizar en los demás sus propios defectos. Martín-Santos también se sirve de Amador para expresar un mensaje serio, sin que éste se dé cuenta de la trascendencia de sus palabras: por ejemplo, al decir «son niños y se creen que son hombres». Al comparar a Amador con Casandra, cuya profecía de la caída de Troya no fue escuchada, Martín-Santos subraya la sordera irónica de los personajes ante las palabras de los demás, e incluso ante sus propias palabras.

La sordera, y la ceguera, son esenciales a la ironía. *Tiempo de silencio* es una novela irónica, por describir un mundo en que la verdad reside, no en la luz y en las palabras, sino en la noche y en el silencio. Lo verdadero y lo falso se confunden, al residir el hondo significado de la realidad en lo inconsciente, que es sordo y ciego a la realidad. La existencia de lo inconsciente inevitablemente crea una situación irónica, al ignorar el hombre su ser esencial. También el conflicto entre razón e instinto es irónico, por oponerse y reforzarse los dos al mismo tiempo. El conflicto entre razón e instinto no constituye una contradicción entre lo verdadero y lo falso, sino entre dos impulsos igualmente reales, que no se pueden llamar ni verdaderos ni falsos. Ni siquiera es un conflicto entre lo positivo (lo racional) y lo negativo (lo irracional), ya que la conciencia también es susceptible al irracionalismo. En su famoso estudio sobre la ambigüedad, William Empson señala que el concepto freudiano de la ambivalencia psicológica crea una situación de extremada ambigüedad irónica, puesto que el hombre se demuestra desear lo que más teme [48]. En *Tiempo de silencio*, la antítesis satírica «no A, sino B» se complementa con la antíte-

---

[48] W. EMPSON, *Seven Types of Ambiguity*, 2.ª ed., Londres, 1947, cap. VII.

sis irónica «A, aunque B», que demuestra la coincidencia de dos actitudes opuestas. Cuando Pedro se refiere a «las funciones más bajas de la naturaleza humana, aunque no las menos satisfactorias» (p. 31), o cuando el narrador habla de «las ciegas pero divinas leyes que disponen el reparto de los bienes terrenales» (p. 224), vemos que lo que se desprecia también se respeta. Pedro desea la castración que al mismo tiempo teme. La existencia de lo inconsciente también crea una situación irónica, al hacer que los actos humanos sean contraproducentes. Al buscar protección, Pedro se castra. El hombre es víctima de la ironía, al descubrir que sus actos obedecen a impulsos muy diferentes de los que él creía que le motivaban. También es víctima de la ironía, puesto que sus instintos regresivos deshacen sus esfuerzos por progresar. El análisis freudiano de la conducta humana se basa en una doble contradicción irónica: entre la lucidez y la ceguera, y entre el progreso y la regresión. En su excelente estudio *The Compass of Irony*, D. C. Muecke señala que Edipo es el héroe irónico por excelencia, ya que es ciego a sus crímenes, y los comete al intentar evitarlos [49]. También se podría señalar que Edipo es un héroe irónico, por regresar hacia sus raíces al intentar alejarse de ellas. Pedro es un Edipo en todos estos sentidos.

Muecke señala que, desde un punto de vista irónico, la inocencia es culpable, ya que la víctima de la ironía es castigada por no haber previsto que las cosas podrían ser lo contrario de lo que él pensaba [50]. Al confundir la inocencia y la culpa, la ironía crea una ambigüedad, no sólo psicológica, sino también moral. No se puede calificar al hombre de bueno ni de malo, ya que sus actos son consecuencia de la contradicción entre la conciencia y lo inconsciente y, por lo tanto, le pertenecen y no le pertenecen. Pedro siente que su seducción de Dorita es «un gesto que no era suyo pero que le pertenecía» (p. 98). Al no saber aceptar la ambigüedad moral, Pedro oscila entre creerse inocente del todo y culpable del todo, cuando, en realidad, su inocencia y su culpabilidad son relativas. En *Libertad, temporalidad y transferencia*, Martín-Santos insiste en que la conducta humana «permanece constantemente en la ambigüedad». También señala que la conciencia de la ambigüedad moral es lo que distingue la buena literatura de la mala: «El paso de la

---

[49] D. C. MUECKE, *The Compass of Irony*, p. 39.
[50] D. C. MUECKE, *The Compass of Irony*, p. 30.

subliteratura a la auténtica literatura se acompaña también de un dejar de ser *bueno o malo* cada personaje. La literatura que se aproxima al hombre real ya no describe buenos o malos, sino hombres en el verdadero sentido de la palabra»[51]. El protagonista de *Tiempo de destrucción* plantea el problema de la ambigüedad moral, al ser juez y delincuente a la vez. En *Tiempo de silencio*, el tema de la complicidad demuestra que la moralidad siempre es ambigua. El narrador hace notar que el infierno, «dejando de lado toda excesiva tendencia ormuzorimadiana» (p. 136), está lleno de los que destruyeron la vida y de los que la amaron demasiado. El delito de Pedro consiste en haber intentado salvar la vida. Su culpabilidad consiste en la «seudorresponsabilidad» del «seudoaborto» de la «seudovirgen» (pp. 157, 145). En el aborto de Florita, Pedro tiene que enfrentarse, no sólo con la ambigüedad moral, sino también con la ambigüedad metafísica. La distinción entre causar la muerte y salvar la vida se eclipsa, al confundirse el «no-serviva» de Florita con su «no-estar-viva» (p. 109). Florita no está ni viva ni muerta, sino que es una «casi-muerta» (p. 110). Pedro la opera con «una pieza metálica de significación dudosa» (p. 112). El episodio del aborto es tan dramático porque, justamente cuando es vital saber distinguir entre vida y muerte, Pedro descubre que la distinción se oscurece. La novela da una visión irónica de la existencia, al desbaratar las creencias y las esperanzas de todos los personajes. Pedro, Cartucho, las mujeres de la pensión, la familia del Muecas, todos tienen que enfrentarse con una tragedia inesperada. La muerte totalmente imprevista de Dorita ocurre al emprender ella y Pedro «su periplo nocturno a través de la ausencia de la madre» (p. 230). *Tiempo de silencio* describe un mundo incierto, en que nada tiene una base segura.

La conducta de Pedro es doblemente irónica, ya que su ceguera ante sus propios errores se manifiesta mediante su adopción de una actitud irónica hacia la vida. Pedro se equivoca al equiparar la ironía con la superioridad. A través de toda la novela, Pedro reflexiona amargamente sobre la vida de sus congéneres y sobre su propia vida, desde una posición elevada que le distancia de lo que critica. Pedro cree apreciar la «apariencia irónica» del «uróvoros doméstico» (p. 60), sin darse cuenta de que éste simboliza sus propias tendencias inces-

---

[51] *Libertad, temporalidad y transferencia*, pp. 226-7, 141.

tuosas. La ironía es doble, ya que Pedro no sólo no ve el significado irónico del pez que se come a sí mismo, sino que cree darse cuenta de la ironía cuando no es así. Pedro ironiza su realidad, sin darse cuenta de que él también es víctima de la ironía. Al calificarse de «ridículo» y de «risible» (pp. 8, 240), Pedro confunde la ironía con el desprecio. La misma actitud irónica de superioridad caracteriza a Matías (p. 219), Amador (p. 7), y al Director del Instituto (p. 219).

Se ha debatido mucho la moralidad del ironista. Michael Ugarte acusa a Martín-Santos de ser nihilista, por recurrir a la ironía[52]. La ironía de Pedro sí es nihilista, pero la del narrador es muy diferente. Martín-Santos critica a Pedro por recurrir a la ironía evasiva que Sartre condenó como una forma de mala fe[53]. Kierkegaard, en su célebre tratado sobre la ironía, diferencia dos categorías, una de las cuales es inmoral, y la otra moral. La primera, que Kierkegaard condena por orgullosa, es la ironía romántica, según la cual el hombre es libre de elevarse por encima de la realidad a través de la imaginación, ya que todo conocimiento es ilusorio. La segunda, que Kierkegaard admira por humilde, es la ironía socrática, según la cual el hombre adopta una ignorancia fingida, para provocar el raciocinio en los demás. Para Kierkegaard, la ironía romántica niega la historia, al declarar que todo es falso. En cambio, la ironía socrática, al reconocer la necesidad del cambio sin proponer soluciones dogmáticas, afirma la historia y reconoce las limitaciones humanas[54]. En *Tiempo de silencio*, Martín-Santos acusa a Pedro de ironía romántica, al disociarse de su realidad histórica. En cambio, el narrador, al adoptar una posición entre distanciada y cómplice, afirma la ironía socrática. Pedro hace observar que Cervantes estaba distanciado de su obra (ya que *Don Quijote* no tiene nada que ver con su vida), pero al mismo tiempo comprometido con ella (ya que la novela le permitió derramar «sus propios cánceres» sobre el papel [p. 65]). La ironía cervantina conlleva una actitud compasiva hacia lo que se critica, y al mismo tiempo acusa un alto grado de rectitud moral, al criticar el autor defectos que también le atañen. La crítica compasiva que hace Martín-Santos de los impulsos autodestructivos de Pedro sugiere que el retrato tie-

---

[52] M. UGARTE, «*Tiempo de silencio* and the Language of Displacement».
[53] *L'Être et le néant*, p. 83.
[54] S. KIERKEGAARD, *The Concept of Irony*, Londres, 1966, p. 278.

ne algo de autocrítica. Por algo, las señas de identidad de Pedro coinciden con las de su autor[55].

En *Libertad, temporalidad y transferencia*, Martín-Santos insiste en que tanto el psicoanalista como el neurótico deben adoptar una actitud a la vez distanciada y comprometida. El psicoanalista estimula al neurótico con su presencia, pero también finge estar ausente, al negarse a ser cómplice de la conducta neurótica de éste. El psicoanalista controla la situación «desde un *topos uranos* omnipresente y omnicomprensivo», pero también «se encuentra en el interior mismo del proceso que pretende narrar: modificando al paciente y siendo, en cierta medida, modificado por él»[56]. Es interesante la comparación que Martín-Santos hace aquí entre la posición del psicoanalista y la del narrador de una novela. El narrador de *Tiempo de silencio* adopta justamente la posición ambigua que Martín-Santos recomienda para el psicoanalista. Demuestra su omnisciencia (por ejemplo, al revelar que «aquella noche debía ser especialmente llena de acontecimientos»), pero también se muestra falible, al no saber, en el mismo párrafo, si Pedro está vestido o acostado (p. 100). El narrador deja ver su presencia, al analizar la procesión formada por Matías, Amador, Cartucho y Similiano, y en seguida desaparece, dejando que los personajes hablen por sí mismos (pp. 157-63). El narrador adopta la misma posición entre distanciada y cómplice, al oscilar entre criticar y adoptar la mala fe de sus personajes. Es importante que el narrador vacile entre la omnisciencia y la falibilidad. En su libro *A Rhetoric of Irony*, Wayne Booth señala que el uso del narrador omnisciente indica la posibilidad de opinar sobre la conducta de los personajes, pero que también obliga al lector a aceptar la autoridad del narrador. En cambio, el uso del narrador falible puede sugerir la imposibilidad de opinar sobre los personajes, pero también puede inducir al lector a que forme sus propias opiniones[57]. La mezcla de omnisciencia y falibilidad que encontramos en *Tiempo de silencio* combina las ventajas de los dos métodos: deja ver al lector

---

55 Carlos Castilla del Pino sugiere que el retrato de Pedro en *Tiempo de silencio* refleja los impulsos autodestructivos que, según él, caracterizaban a su autor. Juan Benet dice que los personajes en la novela están basados en personas conocidas por el autor en sus años estudiantiles en Madrid: según esto, Pedro sería Martín-Santos, y Matías el mismo Benet.

56 *Libertad, temporalidad y transferencia*, pp. 210, 126.

57 W. BOOTH, *A Rhetoric of Irony*, Chicago, 1974, p. 299.

que es posible formar una opinión crítica, pero le estimula a que forme su propia opinión. Así, el narrador cumple con los requisitos de la ironía socrática.

Al comparar el papel del psicoanalista con el del narrador de una novela, Martín-Santos sugiere una correspondencia implícita entre el papel del neurótico y el del personaje. En *Libertad, temporalidad y transferencia*, Martín-Santos indica que el neurótico debe adoptar una posición irónica. Para llegar a esta posición irónica, tiene que pasar por dos etapas. Primero tiene que aprender a objetivar sus defectos:

Al mantener y potencializar, cada vez más plenamente, la objetividad del síntoma, se logra uno de los rendimientos esenciales de la libertad en la cura. La decisión del neurótico de curarse es la misma que le hace ver como neuróticas y no como necesarias y naturales sus conductas. Si en el primer momento lo neurótico es valorado como propio o personal, llega, más tarde, a ser captado como impropio y patológico. Lo que era *esencial* deviene *accidental*: lo que podía ser fuente de desesperación llega a ser motivo de ironía.

La segunda etapa consiste en pasar de la objetivación a la responsabilización: al reconocer que su neurosis no es esencial a su ser, el neurótico se da cuenta de que puede elegir otro comportamiento. Con esto, el neurótico «logrará así abarcar irónicamente su totalidad psíquica. Sus provisionales determinaciones aparecerán como falsas y objetivistas»[58]. Esta posición irónica, que combina el distanciamiento con el compromiso, es muy diferente de la actitud irónica de Pedro. Pedro recurre a la risa para distanciarse de su situación y para involucrarse en ella, pero en el sentido inverso al recomendado por Martín-Santos. En sus monólogos, Pedro adopta una posición irónica para disociarse de su propia conducta, mientras que, en la revista musical, su risa demuestra su complicidad con el conformismo colectivo. En vez de reírse de la sociedad y para consigo mismo –como lo hace don Quijote (p. 63)– Pedro se ríe de sí mismo y con la sociedad.

Martín-Santos concluye *Libertad, temporalidad y transferencia* con una analogía interesante entre la aceptación irónica de la responsabilidad, y el concepto estético de la catarsis: «Catharsis, en su más propio sentido aristotélico y clásico, es la aceptación del propio destino trágico a la luz de la contempla-

---

[58] *Libertad, temporalidad y transferencia*, pp. 103-4, 235.

ción de las figuras que lo simbolizan»[59]. Aquí, Martín-Santos establece una correspondencia explícita entre el papel del neurótico y el del lector. Según Martín-Santos, el psicoanalista, como narrador del proceso psicoanalítico, obliga al neurótico a hacer una «descomposición-recomposición analítica y racional» del «texto falso» de su vida[60]. Pedro no consigue la catarsis, pero sí la consigue el lector, al ser obligado por el narrador a adoptar una posición entre crítica y comprometida[61]. El lector objetiva su propia conducta al verla reflejada en la de los personajes de la novela, y de esta manera llega a reconocerla como suya. El uso de las expresiones impersonales sirve para distanciar al lector y, al mismo tiempo, para involucrarle. La oscilación entre la tercera y la primera persona sirve igualmente para distanciar al lector de un «ellos», que al mismo tiempo reconoce como un «nosotros». Al preguntarse «¿cómo vivía todo este pueblo en los que ellos mismos dicen [...] que fueron los años del hambre?», el lector se da cuenta, en la frase siguiente, de que la situación de los personajes también le atañe: «De este modo podremos llegar a comprender» (p. 16). Es significativo que el «nosotros» aparezca en los momentos de mayor distanciamiento crítico: por ejemplo, las meditaciones sobre el hombre y la ciudad, el cuadro de Goya y la corrida de toros; la descripción del cementerio y de la revista musical; y la reflexión final de Pedro sobre un «tiempo de silencio».

Al confundir los términos opuestos, sin reconciliarlos, la ironía crea una cadena de contradicciones insolubles. Octavio Paz señala que la ironía, al fundarse en la contradicción, se opone a la analogía, que busca la reconciliación. De ahí que, según Paz, la ironía afirme la historia, y la analogía la suprima[62]. A Martín-Santos no le interesa la reconciliación, ya que la contradicción es la sustancia de la historia. Muecke señala que la ironía se opone a la estabilidad y, por lo tanto, es subversiva. Al suponer que lo fijo siempre es falso, y que todo es

---

[59] *Libertad, temporalidad y transferencia*, p. 245.

[60] *Libertad, temporalidad y transferencia*, p. 176.

[61] José SCHRAIBMAN (en su artículo «*Tiempo de silencio* y la cura psiquiátrica de un pueblo: España») sugiere que Pedro pasa, en la novela, por las etapas de la cura psicoanalítica descritas por MARTÍN-SANTOS en *Libertad, temporalidad y transferencia*. Esto es injustificable: el que se cura no es Pedro, sino el lector.

[62] O. PAZ, «Analogía e ironía», en *Los hijos del limo*, Barcelona, 1974, pp. 87-112.

provisional, la ironía afirma la ley del cambio. Esto Muecke lo expresa lúcidamente:

La función de la ironía consiste en ver en la oscuridad y cuestionarlo todo. Sus víctimas son los ciegos; sus enemigos, los que no quieren contestar a las preguntas. Móvil y libre, la ironía siempre ha despertado los recelos de la autoridad y de los que buscan la protección del orden establecido[63].

Al señalar que la ironía subvierte la solidez ilusoria que constituye la base del autoritarismo, Muecke refuta que la ironía sea nihilista. La ironía conlleva una visión trágica, pero supone que vale la pena salvar al hombre de sus ilusiones. Incluso Sartre, a pesar de denunciar la ironía como una forma de evasión, termina *L'Être et le néant* con la recomendación de una actitud de «juego» ante la vida, que libre al hombre de «lo serio» (la pretensión de que la existencia se justifica por ser lo que es), al afirmar un mundo alternativo[64]. *Tiempo de silencio* constituye una crítica del Sartre existencialista por negar lo social, pero también constituye una reivindicación de su creencia en el valor de lo imaginario[65]. Esto lo comprende don Quijote, según el análisis que hace Martín-Santos en la novela, al negar la realidad para afirmar, a través de la locura, un mundo alternativo en que «lo que no puede en realidad ser, a pesar de todo sea» (p. 63). La ironía conlleva una visión histórica, al oponer lo que es a lo que podría ser.

El texto de *Tiempo de silencio* se basa sobre el juego dialéctico entre diferentes perspectivas temporales, de manera que el pasado se confunde con el presente, y éste con el futuro. El pasado aparece sólo a través del monólogo interior, cuando la abuela, Cartucho o la mujer del Muecas mencionan su vida pasada, o al referirse Pedro al pasado histórico de España. Así el pasado se define a través de las actitudes de los personajes en el momento presente, las cuales están definidas, a su vez, por sus intenciones para el futuro. La única excepción la constituye la meditación del narrador sobre la ciudad de Madrid. Aquí también –según lo señala Talahite– la perspectiva temporal fluye desde la descripción del pasado («Hay ciudades [...]»)

---

[63] D. C. MUECKE, *The Compass of Irony*, pp. 126, 246. La traducción es mía.
[64] *L'Être et le néant*, p. 641.
[65] Para un análisis interesante del papel de lo imaginario en el pensamiento de Sartre, véase R. ARONSON, *Jean-Paul Sartre: Philosophy in the World*, cap. I y IV.

hasta el momento futuro («hasta que un día [...]»), y de ahí vuelve a las alternativas presentes, para pasar por segunda vez al futuro («De este modo podremos [...]») (pp. 13-7)[66]. Las frecuentes preguntas retóricas aluden implícitamente a un tiempo futuro: «¿Cómo podremos nunca [...]?» (p. 8), «¿Cómo haremos para [...]?» (p. 236). La narración en el tiempo pasado tiende constantemente a pasar al tiempo presente: por ejemplo, «Echó el cerrojo. Está solo» (p. 98). El uso del estilo indirecto libre, que normalmente emplea el tiempo pasado, también tiende a pasar al tiempo presente: por ejemplo, «Él vive en otro mundo [...]» (p. 95). Los personajes se desplazan constantemente de un lugar a otro, creando una impresión de movilidad que se refuerza con el desplazamiento continuo de la perspectiva narrativa, al pasar desde el personaje al narrador, desde un personaje a otro, o desde una de las voces interiores del personaje a otra. Las secciones menos logradas de la novela –el deambular nocturno de Pedro con Matías, y la busca del abogado por éste– son aquellas en que la perspectiva narrativa es estática. El uso en los monólogos de la asociación libre también crea una fluidez temporal, que no sólo evoca la vivencia del tiempo, sino que además demuestra que el significado nace de la interrelación de distintos momentos temporales.

El tiempo ocupa un lugar destacado en la obra psiquiátrica de Martín-Santos. Las palabras «tiempo» y «temporalidad» aparecen en el título de sus dos novelas y de *Libertad, temporalidad y transferencia*. En su tesis doctoral, Martín-Santos señala que el cambio es más que el resultado de una causa anterior, ya que todo momento presente contiene elementos del pasado y del futuro. El tiempo no forma una línea recta, ni tampoco es cíclico, puesto que es regresivo y progresivo a la vez. El tiempo es un flujo dialéctico que se mueve en sentidos diversos al mismo tiempo[67]. En *Libertad, temporalidad y transferencia*, Martín-Santos muestra cómo la neurosis consiste en la negación del cambio. Al optar por la solidez, el neurótico petrifica su propia conducta, y proyecta su propia rigidez hacia el mundo exterior. El psicoanalista obliga al neurótico a aceptar el cambio, al minar la falsa seguridad que le depara la neurosis, obligándole a enfrentarse con lo que Martín-Santos

[66] C. TALAHITE, «*Tiempo de silencio*» *de Martín-Santos*, pp. 31-3.
[67] *Dilthey, Jaspers*, pp. 41-2.

llama el «océano angustioso» de la inseguridad[68]. *Tiempo de silencio* se basa sobre la oposición entre imágenes de petrificación e imágenes de fluidez. La novela demuestra que la existencia se funda, no sobre la piedra inerte de la meseta castellana y del Escorial, que representan la proyección simbólica de una sociedad petrificada, sino sobre la «marea» del vivir histórico. Los personajes son «náufragos» en un «océano» incierto, no sólo por estar gobernados por lo inconsciente, sino también por vivir en el tiempo. En *Libertad, temporalidad y transferencia*, Martín-Santos subraya la importancia del momento en que el neurótico abandona sus respuestas fijas, sin haber encontrado una alternativa estable[69]. En este momento –de acuerdo con la definición kierkegaardiana de la ironía socrática– el neurótico deja de ser víctima de la ironía, y se convierte en ironista. Para Martín-Santos, como para Kierkegaard, la ironía, al afirmar el cambio, significa libertad.

Según Martín-Santos, la dialéctica temporal del proceso psicoanalítico consiste en un «paradójico volverse hacia el pasado con ánimo de modificar el futuro». Al quedar suspendido entre el pasado y el futuro, el neurótico se halla «en un cierto estado de éxtasis, fuera de la fluencia temporal cotidiana»[70]. Al aceptar la temporalidad, el neurótico rechaza el determinismo, y reconoce la presencia del futuro en el pasado. En vez de reconocer «las raíces cortadas de lo que pudo haber sido una ciudad completamente diferente» (p. 15), Pedro intenta convertir el futuro en el «principio del fin» (p. 233). De ahí que no alcance el éxtasis. El monólogo final de Pedro muestra, de manera brillante, la tensión entre sus intentos de detener el tiempo, y el flujo temporal de sus pensamientos que le impide hacerlo. El ritmo del tren se convierte en símbolo de la temporalidad: «se puede formar un ritmo, es cuestión de darle una forma, una estructura gestáltica, puede conseguirse un ritmo distinto según la postura en que uno se ponga a escuchar un ritmo» (p. 238). El hombre es libre de adoptar cualquier postura hacia la realidad, pero toda postura es una percepción del tiempo. Pedro puede conseguir un «ritmo distinto», pero está condenado a «formar un ritmo». Ya en la cárcel, Pedro había descubierto la imposibilidad de abolir el tiempo: «El tiempo,

---

[68] *Libertad, temporalidad y transferencia*, pp. 92, 164.
[69] *Libertad, temporalidad y transferencia*, pp. 221-2.
[70] *Libertad, temporalidad y transferencia*, pp. 139-40.

sólo el tiempo llena este vacío» (p. 179). En su artículo «El psicoanálisis existencial», Martín-Santos define al hombre como
«ser que es duración, que es tiempo, que es movimiento y
cambio»[71]. Al final de la novela, Pedro es libre de optar por un
«tiempo de silencio», pero no puede escapar al tiempo.

La estructura temporal de *Tiempo de silencio* se funda en la
contradicción entre los intentos de Pedro de evadirse de su
momento histórico, y la demostración por parte del narrador
de la imposibilidad de aislarse de la historia. La sociedad franquista ha querido huir de su responsabilidad histórica, pero, al
optar por la evasión y el conformismo, no ha podido escapar a
la relación ambigua de distanciamiento y compromiso que necesariamente une al hombre con su momento histórico. La
diálectica irónica del círculo vicioso que lleva a Pedro a «deshacerse», es la otra cara de la dialéctica irónica de la historia,
que avanza mediante la contradicción. Es importante que, al
final de la novela, Pedro no haya conseguido reconciliar sus
contradicciones. Al contrario, sus intentos de evadir las contradicciones de su existencia le llevan a multiplicarlas. Al con-
denarse a la contradicción, Pedro se condena, a pesar suyo, a
la historia. El hombre que niega su libertad se hace víctima de
la ironía, y el hombre que la afirma se convierte en ironista;
pero es imposible escapar a la ironía. La misma contradicción
irónica que frustra los intentos del hombre de reconciliar la
realidad con sus deseos, también frustra sus intentos de destruirse a sí mismo. La ironía lo declara todo provisional, incluso el fracaso. Pedro fracasa incluso en sus intentos de ser un
fracasado. El hecho de que él lo ignore constituye la suprema
ironía de la novela.

---

[71] «El psicoanálisis existencial de Jean-Paul Sartre», p. 165.

CONCLUSIÓN

MITO E HISTORIA

Varios críticos han señalado la importancia de las referencias míticas en *Tiempo de silencio*. Julian Palley compara la novela con el *Ulysses* de Joyce[1]. Juan Villegas estudia la estructura del relato en términos de la interpretación jungiana de los mitos de iniciación[2]. Los dos suponen que la intención de Martín-Santos es crear una novela mítica. A mi parecer, esto es erróneo. Martín-Santos recurre al mito para denunciarlo. Mircea Eliade señala que la búsqueda mítica tiene por objetivo salvar al hombre del «terror de la historia»; y que, por lo tanto, se opone al existencialismo, que insiste en la necesidad de aceptar la angustia de la temporalidad[3]. Lo que Martín-Santos toma del existencialismo, y de la obra posterior de Sartre, es su visión histórica. Pedro no es el héroe mítico jungiano que encuentra la sabiduría en su descenso a lo inconsciente. Es un antihéroe que sucumbe a los obstáculos, sin ni siquiera reconocerlos. Pedro es un Edipo ciego, según la definición antiheroica que Erich Neumann da a este mito.

Las referencias homéricas son más complicadas. En su fascinante estudio sobre el tema de Ulises en la literatura europea, W. B. Stanford señala que éste se ha interpretado de dos

[1] J. PALLEY, «El periplo de Don Pedro: *Tiempo de silencio*», en *Novelistas españoles de postguerra*, ed. R. Cardona, tomo I, Madrid, 1976, pp. 167-83. La segunda edición revisada de A. REY, *Construcción y sentido*, también contiene una comparación de *Tiempo de silencio* con el *Ulysses* de JOYCE.
[2] J. VILLEGAS, *La estructura mítica del héroe*, cap. III.
[3] M. ELIADE, *Mythes, rêves et mystères*, París, 1972, pp. 63-72.

maneras opuestas[4]. Algunos ven a Ulises como el aventurero racional, que se impone al mundo mágico. Otros le ven como el náufrago que regresa al hogar. La primera interpretación es la de Homero, cuyo héroe triunfa sobre la seducción irracional del canto de las sirenas. En este sentido, Pedro es un anti-Ulises, que se pone los «calcetines de nailon» antes de emprender su odisea (p. 102); y que no sólo cede a una sirena real (Dorita), sino que se busca sirenas ficticias cuando no las hay. Pero Pedro sí es un Ulises si por esto se entiende el náufrago que busca retornar a sus orígenes. Como todas las referencias satíricas en la novela, la comparación de Pedro con Ulises es inapropiada en un sentido, pero apropiada en otro. Las referencias homéricas son irónicas, porque son apropiadas cuando no deberían serlo. Ortega sugiere que la única manera de resistir el canto de las sirenas, que para él representa la seducción·de la historia, es cantarlo al revés, volviendo a los orígenes[5]. Para Martín-Santos, las sirenas representan los impulsos regresivos del hombre, a los que Pedro cede cuando no debiera.

Es posible que el *Ulysses* de Joyce –que aparentemente Martín-Sàntos admiraba– le haya dado la idea de incorporar las referencias homéricas en su novela. Pero las utiliza de una manera totalmente opuesta. El tema de *Ulysses* es la búsqueda del padre (representada en la amistad de Stephen-Telémaco con Bloom-Ulises), y la novela termina con el retorno al hogar (representado por Molly-Penélope). Joyce recurre al mito, para señalar la necesidad de la tradición[6]. En *Tiempo de silencio* no existe la figura de Telémaco, porque el tema de la novela es la necesidad de romper con la tradición. Para Martín-Santos, las figuras paternas y maternas representan la castración. Dorita-Penélope también es la sirena. El periplo de Pedro es una «mortífera odisea» (p. 208). Su retorno a los orígenes es una expulsión. Las referencias homéricas en *Tiempo de silencio* no son sistemáticas, como lo son en *Ulysses*, porque Martín-Santos no intenta escribir un mito moderno. De haber sido esta su intención, no se habría permitido los descuidos de

---

4 W. B. STANFORD, *The Ulysses Theme: A Study in the Adaptability of a Traditional Hero*, Oxford, 1954, p. 175.

5 *Meditaciones del Quijote*, p. 80.

6 Véanse J. JOYCE, *Ulysses*, Harmondsworth, 1972; y S. L. GOLDBERG, *The Classical Temper: A Study of James Joyce's «Ulysses»*, Londres, 1961.

confundir los mitos de Edipo y Orestes, y de suponer que de la *Iphigenie auf Tauris* de Goethe describe el sacrificio de Ifigenia (p. 233).

En *Libertad, temporalidad y transferencia*, Martín-Santos demuestra su hostilidad hacia el mito, al rechazar el «eterno retorno mítico» de la obsesión infantil, que caracteriza la neurosis, y al propugnar un nuevo humanismo basado sobre «la destrucción del universo mágico del primitivo o del niño»[7]. Martín-Santos critica a Freud por suponer que todo tiene su origen en la infancia, y por su uso de las analogías mitológicas, que tiende a dar una explicación fija y universal a la conducta humana[8]. Los antropólogos siempre han dado por sentado que la función del mito es preservar la tradición. Sólo los artistas y los psicoanalistas lo han idealizado, al obsesionarse con la infancia. *Tiempo de silencio* demuestra que la búsqueda mítica es un retorno al «universo mágico del primitivo o del niño», pero que esto significa la regresión a la dependencia económica y psicológica.

Hay que señalar que Martín-Santos critica, no sólo la visión mítica, que intenta convertir la historia en un volver a los orígenes, sino también el determinismo y el idealismo, los cuales tienen una visión aparentemente progresiva de la historia. El determinismo contradice la creencia en el progreso, al recurrir a la explicación causal, que inevitablemente conduce a la búsqueda de los orígenes. En *Tiempo de silencio*, vemos cómo los intentos de Pedro de explicar su conducta en términos de una causalidad lógica le llevan a «deshacerse», al optar por el castigo y la expiación. El racionalismo determinista lleva al irracionalismo mítico. Martín-Santos denuncia sobre todo el determinismo racial, porque, en este caso, la explicación causal se confunde totalmente con la visión mítica, al postular una causa esencial. Con la figura de Ortega, Martín-Santos también critica el idealismo, cuya visión de la historia como manifestación de un arquetipo conduce nuevamente a la exaltación de los orígenes, y así desmiente la creencia en el progreso. Al contrastar el tiempo cíclico de los intentos de Pedro de «desvivirse» con el tiempo cronológico del narrador, Martín-Santos crea un esquema temporal dialéctico, que ni es regresivo ni progresivo, sino las dos cosas a la vez. La visión his-

[7] *Libertad, temporalidad y transferencia,* pp. 245, 242.
[8] *Libertad, temporalidad y transferencia,* pp. 232-3.

tórica de Martín-Santos ni es racionalista ni irracionalista, puesto que, para él, la historia nace de la contradicción entre razón e instinto, que impulsa al hombre en sentidos opuestos al mismo tiempo. La historia no se deriva de un momento original, sino que es consecuencia de una contradicción que no tiene principio ni fin.

En cierto modo, Martín-Santos es responsable de que los críticos hayan entendido mal el uso del mito en su novela. Contestando a la pregunta de cómo concebía la función social del novelista, declaró: «Su función es la que llamo desacralizadora-sacrogenética: Desacralizadora –destruye mediante una crítica aguda de lo injusto–. Sacrogenética– al mismo tiempo colabora a la edificación de los nuevos mitos que pasan a formar las Sagradas Escrituras del mañana»[9]. Esto Martín-Santos lo reitera, en una carta a José María Castellet:

La literatura tiene dos funciones bien definidas frente a la sociedad. Una primera función relativamente pasiva: la descripción de la realidad social. Otra función especialmente activa: la creación de una Mitología para uso de la sociedad. En ambas funciones la Literatura ejerce su capacidad para llegar a ser una técnica de transformación social. En cuanto que descripción pone el dedo en las llagas sociales y suscita tomas de conciencia de las mismas. En cuanto Mitología, puede actuar de dos modos opuestos: si se trata de una Mitología enajenada, como encubrimiento de lo injusto; si se trata de una Mitología progresiva, como pauta ejemplar de realización[10].

En las dos citas, está claro que Martín-Santos usa las palabras «mito» y «mitología» en un sentido muy amplio. A mi parecer, estas dos afirmaciones de Martín-Santos no constituyen una base suficiente para justificar las interpretaciones míticas que se han hecho de *Tiempo de silencio*. Una lectura atenta de la novela demuestra que, en ella, Martín-Santos ironiza la visión mítica. *Tiempo de silencio* sólo puede ser visto como una novela mítica si por esto se entiende –según Martín-Santos lo da a entender en la segunda cita– un modelo ficticio, que revela una verdad profunda a través de su falsedad. Martín-Santos rechaza el realismo, al reconocer que las palabras no reflejan la realidad, sino que la mitifican. El escritor necesariamente recurre al mito, al utilizar el lenguaje: no puede evitar la falsedad de las palabras, pero puede hacer al lector

---

[9] J. W. Díaz, «Luis Martín-Santos and the Contemporary Spanish Novel», p. 237.

[10] J. M.ª Castellet, *Literatura, ideología y política*, p. 145.

consciente de ello, mediante la ironía. El uso del mito en *Tiempo de silencio* es irónico, al demostrar que la verdad sólo se capta a través de las versiones ficticias que el hombre se hace de la realidad, para defenderse contra ella. *Tiempo de silencio* es un texto dialéctico, por sugerir que la verdad no reside, ni en la realidad, ni en las mitificaciones de la mente humana, sino en la contradicción entre ellas.

El mito se opone a la historia, al postular una visión universal y eterna que niega las diferencias y, con ellas, el cambio. Para Martín-Santos, no hay más verdad que la contradicción. El hombre tiene que enfrentarse con la angustia de saber que su existencia no tiene una base segura; pero esta misma inseguridad, al señalar que el hombre no tiene más definición que el cambio, afirma su naturaleza histórica. En *Tiempo de silencio*, Martín-Santos denuncia al franquismo, no por hacer infelices a los españoles, sino por hacerles felices, al negar la historia y propagar los valores universales y eternos del mito. Martín-Santos afirma una visión trágica de la existencia, porque, para él, las mismas contradicciones que destruyen la felicidad humana, demuestran la imposibilidad de suprimir el cambio. Lo que es motivo de pesimismo, también lo es de optimismo. Con lo cual, nuevamente, se afirma la ley de la contradicción.

ESTE LIBRO SE TERMINO DE IMPRIMIR EN LOS
TALLERES GRAFICOS DE UNIGRAF, S. A., EN
FUENLABRADA (MADRID), EN EL MES DE
OCTUBRE DE 1985